意匠設計者でもスラスラわかる

建築2次部材の構造計算

山本満・四井茂一　著

彰国社

装丁・デザイン　小林義郎
イラスト　すずきみほ

はじめに

　構造計算を使いこなせば、もっと仕事がしやすくなる。そう感じながら、多くの人々が日々構造計算に苦労する姿があります。2次部材だからと軽視し、構造計算を疎かにしたばかりに、大きな事故となり、一生取り返しのつかない事態を抱えたであろう報道も後を絶ちません。構造計算は専門家の仕事だと気に留めなかったけれど、他人ごとではなく、必要な技術だと気づく人が増えています。一方、世の中には建築構造計算に関しての書籍が溢れ、ネットで無料の良質な情報に接することができます。でも、いざ始めようとすると、どれを選べば良いのかわからず先に進めないのが現実ではないでしょうか。また、構造計算は勉強したけれど、2次部材ではどう計算するのか自信が持てないという人もおられるでしょう。そんな建築2次部材の構造計算に関する問いに答えるために、この本はあります。

　私たちは、現在、建築施工図を描く事務所を主宰していますが、その前は、建築設計事務所に長く勤務しておりました。自分は意匠設計が専門だから構造はわからないと言っていられる所帯ではなかったので、何でもやりました。建物の構造計算は専門家にお任せしますが、設計変更があれば自分たちで計算を直しました。構造計算書はトレーシングペーパーのレポート用紙に電卓片手に鉛筆で1字1字書きます。夏は紙がべたべた腕にくっつき、気持ちが悪い。コンピューターは数億円、FAXもまだない時の話です。

　事務所開設以来、北は択捉島、南は沖縄にわたる4,000件を超える建設工事に関わりました。辞書と首っ引きで、英語やロシア語で図面を描く経験もさせてもらいました。そんな各地の現場で、製品と下地の強度、取付け方法の信頼性など、建築2次部材の強度に関わる相談を多く受け（それが解決しないと図面が描けませんから）解決して来ました。

　自然災害が起こるたびに法律が強化され、もう人の手には負えなくなり、建築では手書きの構造計算書は姿を消しました。それでは、これまでの計算法はもう古くて使えないのか？　そうではありません。建築構造計算とは、自然の摂理に従って考え、建物が壊れないことを確認する手段です。それは、ダ・ヴィンチの時代から先人が培った経験を数値で表したもので、その基本はたった数十年で覆るものではないでしょう。法律の定めのない手摺やルーバーなど2次部材には、これまでの計算法を使うのが実務家の解決手段でしょう。

　建築構造計算は、自然災害から人命と財産を護ることを主眼としています。2次部材も同じはずですが、これまで、構造計算をする習慣はありませんでした。そこ

に時間とお金をかけるメリットがなかったからでしょう。でも今、必要とする人が増えています。それは、災害や事故の報道を目にするたびに、人々の安全への目が厳しくなるからです。天井下地の基準が設けられたのはそのひとつです。大きな天井が崩れ落ちるテレビ映像は、衝撃でした。公共施設の手摺が人混みに押されて倒れることがあると知らされた事故も起こり、驚きを呼びました。これらはもう想定外では済まされず、人災と思われるようになりました。2次部材への注目が高まるのは、最前線の方々がこの事態に危機感を募らせている現れなのでしょう。

　そうは言っても、いまさら構造計算を使いこなすのは難しそうです。それに、構造計算とは無縁だったのに矢面に立たされている人もあります。そんな人たちを見るにつけ、構造計算する人がもっと増えて、誰にとっても当たり前の技術になれば良いのにと感じます。それを実現する方法があるだろうかと考えを進め、読めば作れる料理本のようなツールがあれば役立つだろうかと思い至りました。しかし、2次部材では見当たらないのです。そこで、ないのなら作ってしまえと、私たちが経験した建築2次部材の構造計算を料理のレシピのように再構成したのが本書です。その一部を紹介すれば、手摺、カーテンウォールのファスナー、看板塔、クレーンで吊り上げる治具など20例です。計算手順とその裏付けとなる情報をできる限り示しています。

　建築2次部材には様々な用途のものがあり、形状も設置状況も千差万別です。加えて、それを構成する部品を考えると計算対象はどのくらいの数なのでしょう。計算は、これをひとつひとつ吟味して行います。私の見るところ、この種類と数を前に、適切な解決法が浮かばず先に進めない人が多いのです。でも、計算例を料理レシピのように並べてみると、そこには共通した解決法があると気づきます。それを知って、恐れるに足らずと、あなたに勇気が湧けば成功です。

　これはレシピ集なので、教科書のように最初から順に読んで学ぶものではありません。どこから始めても効果が得られるよう作られています。興味のあるところから始めてください。

　そんな訳で、これは私たちの経験に基づくもので、アカデミックな厳密さよりも実務的なわかり易さを重視しています。表現が厳密でないなどの指摘を頂くかもしれません。あらかじめご容赦のうえご利用ください。

2017年1月

山本満・四井茂一

目次

はじめに ………… 3

1. 建築２次部材の構造計算を理解するための前準備 ………… 7
2. 建築２次部材の構造計算 ………… 13

■ベースプレートとアンカーボルト①
　あと施工アンカーで取り付けた手摺 ………… 14

■ベースプレートとアンカーボルト②
　４本のあと施工アンカーで取り付けた手摺 ………… 22

■手摺の支柱
　コンクリート壁に取り付けた手摺の支柱 ………… 27

■鉄骨下地
　風を受けるベランダ壁の鉄骨下地 ………… 34

■吊りボルト、接合ボルト
　吊り材で取り付けられた内部天井下地 ………… 39

■吊りボルト
　風が吹き付ける軒天井下地 ………… 46

■外壁下地①
　外壁ユニットの横胴縁 ………… 51

■外壁下地②
　外壁ユニットのファスナー ………… 56

■ガセットプレート、接合ボルト
　接合ボルトで取り付けた片持ち梁の庇 ………… 61

■ブラケット、接合ボルト
　接合ボルトで取り付けた軒先のブラケット ………… 68

■床補強材
　床開口部の蓋受け材 ………… 73

■溝蓋
　自動車が上を走る溝蓋 ………… 79

■サイン板の基礎
　自立する強化ガラスのサイン板 ………… 84

■吊り支柱
　天井吊りサインの下地 ………… 87

■モニュメントの柱
　丸パイプ4本の合成柱 ………… 94

■化粧壁を支える持出し材
　化粧壁を支える圧縮パイプ ………… 101

■手摺①
　手摺を支える細い支柱 ………… 106

■手摺②
　手摺のユ型アンカー ………… 113

■吊り材
　天井を貫通する吊りパイプ ………… 118

■治具
　クレーンで吊り上げる治具 ………… 122

おわりに ………… 131
参考図書および文献 ………… 133

1

建築2次部材の
構造計算を
理解するための前準備

建築2次部材の構造計算を理解するための前準備

構造計算の手順－四つのポイント

　突然ですが、料理で魚を背骨とその両側の身の三つに切り分けることを3枚におろすと言います。この基本技術を、魚屋さんに教えてもらいました。包丁は切る道具だと誰でも経験しているのですが、まな板に鮮魚が載った光景は、どこから手を付ければ良いのか途方に暮れます。ところが15分ほど手解きを受けると、なるほどと納得でき、さばける自分が不思議です。建築2次部材の構造計算にも、あらかじめ知っておくと、なるほどと納得し発想が広がる基本技術があります。そこで、計算に取り掛かる前に、役立つおすすめ法を紹介します。それは、Load・Way・Start・End法という私たちのオリジナル法です。

　計算は初見が8割だと言えます。昔、構造の専門家に図面を見せると瞬時に「これ、もたないよ」とパンチを浴びせられた記憶が今も残っています。その時には知らなかったのですが、それは意地悪でなく初見で見極めるべきポイントがあったのです。それを2次部材で使ったのが、Load・Way・Start・Endです。これは、はじめに見るべき以下の四つの手順を示しています。

①Load-そこに働く荷重はなに？
②Way-それが働く方向は？
③Start-はじめに曲がるのはなに？その次は？
④End-最後に力を受けるのはなに？

これを順にお話しします。

①Load-そこに働く荷重はなに？

荷重は以下に示す六つから選びます。

a. 固定荷重（自重）
b. 積載荷重
c. 積雪荷重
d. 風圧力
e. 地震力
f. 人が押す力

建築2次部材の構造計算で登場する数値は、法律かまたは指針を根拠にします。荷重は、建築基準法・同施行令で上記のaからeの五つが決められています。人が押す力は日本建築学会の荷重指針に記載されています。また、金物などの業界推奨の指針もあり、設計で指定されることもあります。さらに、風圧力や積雪荷重も、設計図書に特記されることがあります。荷重はその性質から集中荷重と等分布荷重に分かれます。計算するのが屋根材なら上記のa、b、cが働き、外壁材ならばd、eが当てはまるでしょう。このように、そこに働く荷重は部位や状況でわかります。

ここでのポイントは、荷重はおおむね決まっていて、選ぶ作業だと割り切ることです。例外もありますが、それはレシピの中で解説していますから見てください。

②Way-それが働く方向は？

建築2次部材で扱うのは、母屋、根太、垂木、壁下地、支柱などの細長い部材です。これを線材と呼びます。手摺支柱のように片端だけを固定する方法を片持ち梁、両端を拘束する方法を単純梁と呼びます。片持ち梁では、倒れる心配のないよう剛で留めます。両端を拘束するときには、普通ボルトなど計算上回転端とする接合がほとんどで、この場合両端が回転端となります。単純梁は本来、どちらか一方を移動端とするのですが、ここでは割り切って単純梁と考えるのが実状のようです。

線材の材軸に対し横方向から力が働けば曲がり、圧縮方向ならば座屈し、引張方向ならば伸ばされます。材軸に対する力の方向によって変形が異なります。建築構造計算は、材の変形を見る作業なので、力の方向が重要なポイントです。

③Start-はじめに曲がるのはなに？　その次は？

それを手摺が曲がる様子で見てみま

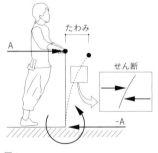

図1

1. 建築2次部材の構造計算を理解するための前準備

しょう（図1）。人が手摺を押します。力は材軸に横から働きます。この瞬間、支柱の床面に押し返す力と回転しない力が働いて手摺は移動せずその場に留まり、倒れるのを防ぎます。この力の押し合いで、支柱は少し曲がり、やがて止まります。これが手摺が"もつ"姿です。このとき、力の押し合いは、材の微小部分にも働いて支柱にはせん断が起こります。また、曲がり幅を「たわみ」とします。これら、曲げ、せん断、たわみの量を数値化する作業を「計算する」と呼びます。

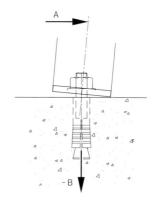

図2

さらに力は支柱の底部に至り、溶接を通じてベースプレートを回転させます。ベースプレートはアンカーボルトで押さえられています（図2）。このためアンカーボルトには引抜きとせん断が起こります（図3）。アンカーボルトがこれに負けずベースプレートを押さえ続けると、その力はベースプレートを曲げます。この状況にベースプレートが耐えれば手摺は"もつ"といえます（図4）。

このような変形の連鎖をイメージするのが、ここでのポイントです。慣れるまではこれが難題なのですが、これを習慣にすれば建築構造計算はあなたのものです。レシピではこれを毎回冒頭の「計算のポイント」で扱っているので確認してください。

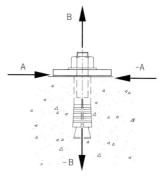

図3

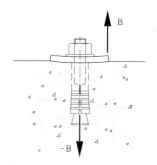

図4

④ **End- 最後に力を受けるのはなに?**

最後に、アンカーボルトが抜けるのをそこに付着したコンクリートが防ぎます。アンカーボルトがコンクリートを付着させたまま壊れて抜けなければ、力を受けたことになります。このほか、2次部材を構造体に接合するのには、普通ボルト、ビス、溶接が使われます。この計算法はレシピで説明します。

これは、私たちが意識せず自動的に行っている手順を整理して頭の中から出したものです。これを思い浮かべながらレシピをご覧頂くと、イメージが膨らむ仕掛けです。

計算を判定する―最重要ポイント

力学計算の結果を許容値と比較して、許容値が上回ればOKとなります。ここまでが、一般に構造計算と思われている作業です。しかし、実は、ここから先が設計者の登場で、作業ではない最重要ポイントなのです。

計算結果を受けて、安全性を判定します。計算でOKの後、何を判定するのでしょうか? 例えば、計算結果が15で許容値が150だとします。これを比較すると $15:150 = \frac{15}{150} = 0.1 <$ 1.0でOKとなります。これが1.0を超えたらOUTです。1.0までの開きが強度の余裕を示しています。ではこれが0.99と1.0の比較ならOKと判定するでしょうか? 0.9ならばどうでしょう、0.85ならばどうでしょう。この判断には規定がありません。これは設計者の裁量となり、設計者の"覚悟"ともいえます。設計者の責任がここにあります。

さらに、鋼材には、たわみの許容値の確たる数値が示されていません。たわみの判定はどう考えれば良いのでしょうか。これに関する私たちの見解は、レシピの中で示していますので確認してください。

建築2次部材の構造計算の手順を追えば、最後に設計者の判定に行き着きます。この意味を多くの方が知ることが、安全確保に繋がると思うのです。さあ、それでは、あなたの興味のあるところから、建築2次部材の構造計算を始めましょう。

2

建築2次部材の構造計算

ベースプレートとアンカーボルト ❶

あと施工アンカーで
取り付けた手摺

オフィスビルの
屋上パラペットに
手摺を取り付けます。
この手摺は
どのようにすれば
"もつ"でしょうか？

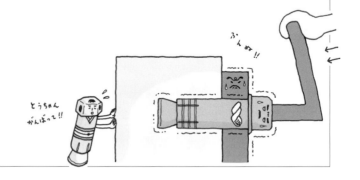

▶ 概要

コンクリート打設後にあと施工アンカーで留めます。1.2×6.5×15cmのスチール製ベースプレートにM12のアンカーボルト2本で留めています。図1がその様子で、このアンカー部分を計算します。

パラペットに取り付く手摺

▶ 計算のポイント

手摺に働くのは人が押す力です。日本建築学会の指針によれば、2人で押す力を約150kgとしています。人が押しくら饅頭のように押し寄せる場所でなければこれで十分でしょう。また、日本金属工事業協同組合の指針では1人が力いっぱい押す、または4人並んで押す力を1,500N/mとし、それは公共施設の通路および大規模オフィスの避難経路を適用用途としています。これらの指針から支柱に働く荷重を1,500N/mと想定します。

次に計算する部位と手順を決めます。ここではどう

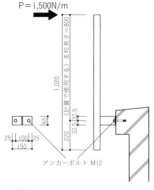

図1

破壊されるかを知ることが必要です。アンカーボルトが、人が押す力に負けて抜け落ちる、せん断力によって切断される、アンカーボルトが引っ張られて周辺のコンクリートが破断する、の三つを考えます。せん断力はボルト軸に垂直に働く力で、今回の状況ではほとんど考えられませんので除外します。

次にベースプレートです。アンカーが絶対に抜け落ちないとすれば、そこを基点にプレートが折れ曲がる可能性があります。これらを考慮して、計算項目は以下の三つとします。

1 | アンカーボルトは引き抜かれないか？
2 | コンクリートは破断しないか？
3 | ベースプレートは曲がらないか？

▶ 条件の整理

☆（計算で使用する）支柱長さ　$L = 80\text{cm}$
☆支柱ピッチ　90cm
☆ベースプレート　$1.2 \times 6.5 \times 15\text{cm}$
★$P = 1,500\text{N/m}$
★水平荷重　$1,500\text{N/m} \times 0.9\text{m} = 1,350\text{N}$
◎ヤング係数　$E = 20,500,000\text{N/cm}^2$
◎構造用鋼材の許容曲げ応力度　$fb = 23,500\text{N/cm}^2$（短期）
アンカーボルトM12の許容引張力　$T = 13,140\text{N}$（メーカー報告値）

ヤング係数はこの節では使いませんが、上記は、毎回羅列するのがお約束です。

ここに挙げた数値は三つの根拠に分類できます。普段意識することはないのですが、押さえておくと頭の整理に非常に役立ちます。
☆は物件固有の寸法です。★の根拠は、日本建築学会による指針を基にしています。手摺を押す力はほかにも複数の指針があり、状況により採用する指針を決めています。◎の根拠は日本建築学会の『鋼構造設計規準−許容応力度設計法』です。建築で扱う数値は多岐にわたりますので、法の定めのないものはここから引用するのが一般的でしょう。
経験上、引用する数値の根拠を自覚することは結果の自信に直結します。今後このほかにも重要な根拠が登場します。

1 | アンカーボルトは引き抜かれないか？

▶ STEP 1　力学の計算

引抜力は、つり合いの計算で求めます（図2）。つり合いの計算は動かない点を見ることがポイントとな

ります。荷重は支柱の先端に水平に働きます。そのときアンカー部には図3の力が働きます。図3のB点はアンカーの位置、A点はベースプレートの上端です。手摺の先端に荷重Pが働くと、A点を支点にしてB点にボルトを引き抜く力Qが働きます。

図4のA点は動かないので、この点でのモーメントのつり合いを考えます。図3のQと図4のQhは方向が反対で大きさは同じです。Qはボルトを引っ張る力で、Qhはそれに耐える力（応力）です。A点には、支柱先端の水平荷重Pにその距離をかけたモーメント（PM）が働き、それに対してB点にはQhによるモーメント（QM）が働き、つり合います。その様子を式で表すと下式になります。

$QM = PM$ より、

$Qh \times 3.25\text{cm} = P \times 76.75\text{cm}$

この式を整理すると

$Qh = P \times \dfrac{76.75\text{cm}}{3.25\text{cm}}$

となり、アンカーボルトに必要な引張耐力がわかります。

つり合いとはシーソーの関係をいいます。図の支点Aは、距離bに働く荷重Pによりねじられ、このままでは右に傾きます。このときのねじる力をモーメントと呼び、その大きさは$P \times b$（力×距離）で表します。ここで、$Qh \times a = P \times b$であれば左右のモーメントはつり合い、シーソーは動くことはありません。

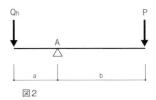

図2

図3

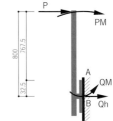

図4

[アンカー引抜力を求める]

$Q = 1{,}350\text{N} \times \dfrac{76.75\text{cm}}{3.25\text{cm}} = 31{,}880.77\text{N}$

▶ **STEP 2　比較**

引抜力がアンカーボルトの許容耐力より小さければ、手摺は"もつ"ことになります。

ここで四つ目の数値区分が登場します。試験値です。

アンカーボルトはM12、埋込み深さ4.5cm以上とします。その耐力はメーカー試験結果により引張耐力95％、信頼下限値13,140Nと報告されています。個

別の部品強度はメーカーの報告を採用するのが安心です。

アンカーは2本であるから、

アンカーの許容引張力　$T = 13{,}140\text{N} \times 2\text{本}$
$ = 26{,}280\text{N}$

$31{,}880.77\text{N} > 26{,}280\text{N}$

上記の比較より、アンカー許容耐力が引抜力を下回るためOUTとなります。

▶ STEP 3　判定

この結果を受けてSTEP1の引抜力の計算式に注目します。この式の分母を大きくすれば引抜力は小さくなることがわかりますので、ベースプレートの縦寸法を大きくして再計算します。

再計算 1 ｜ アンカーボルトは引き抜かれないか？

▶ STEP 1　力学の計算

先の計算では $\dfrac{31{,}880.77}{26{,}280} = 1.21$ となり、2割ほどOUTとなりました。そこで今回はベースプレートの縦寸法を6.5cmから10cmへと5割ほど大きく変更します（図5）。

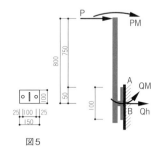

図5

[アンカーの引抜力を求める]

$Q = 1{,}350\text{N} \times \dfrac{75\text{cm}}{5\text{cm}} = 20{,}250\text{N}$

▶ STEP 2　比較

アンカーは2本であるから、

アンカーの許容引張力　$T = 13{,}140\text{N} \times 2\text{本}$
$= 26{,}280\text{N}$

$20{,}250\text{N} < 26{,}280\text{N}$

上記の比較により、アンカーの許容耐力が引抜力を上回るためOKとなります。

▶ **STEP 3　判定**

上記の比較式を分数で表すと、1より小さいので許容耐力に余裕があるとわかります。

$$\frac{20{,}250\text{N}}{26{,}280\text{N}} = 0.77 < 1.0$$

2 ｜ コンクリートは破断しないか?

▶ **STEP 1　力学の計算**

庭の雑草を抜こうとしたら、根に絡んだ土ごとごっそり抜けて尻もちをついた経験はないでしょうか？同じように、アンカーが健在でもコンクリートごとごっそり抜けてしまったら、それは絶望的な光景です。日本建築学会では、各種合成構造設計指針の中で、そんな悪夢を見ないための計算を示しています。図6のコーン形状を計算の基準とします。

[コンクリート破断による許容強度を求める]

許容引張力　$T = \dfrac{2}{3} \times 0.75 \times 0.31\sqrt{Fc} \times$ 有効水平投影面積

$Fc = 24\text{N/mm}^2$

有効水平投影面積 $= 28{,}528.79\text{mm}^2$ より、

許容引張力　$T = \dfrac{2}{3} \times 0.75 \times 0.31\sqrt{24} \times 28{,}528.79$
$= 21{,}663\text{N}$

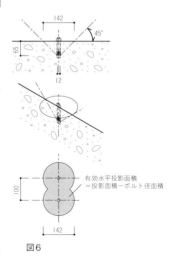

図6

$\dfrac{2}{3}$ は低減率と呼ばれる数値で、長期荷重用=1.0、短期荷重用=$\dfrac{2}{3}$ です。0.75は施工のバラツキによる低減率です。0.31$\sqrt{Fc}$ はコーン状破壊に対するコンクリート強度で、Fc はコンクリート設計基準強度24N/mm²。有効水平投影面積は図のアミガケ部分です。円の重複部分は除外します。この面積は埋込み深さが大きいほど大きくなります。

▶ STEP 2　比較

［アンカー引抜力（アンカーボルト2本分）］

$$Q = 1,350\text{N} \times \frac{75\text{cm}}{5\text{cm}} = 20,250\text{N} < T = 21,663\text{N}$$

　上記の比較により、アンカー許容耐力が引抜力を上回るためOKとなります。

▶ STEP 3　判定

　上記の比較式を分数で表すと、1より小さいのでもちます。

$$\frac{20,250\text{N}}{21,663\text{N}} = 0.94 < 1.0$$

　もう少し余裕をもつためには、埋込み深さを深くすればより安全です。

3 ｜ ベースプレートは曲がらないか？

▶ STEP 1　力学の計算

　アンカーボルトは2本ですが、片方の1本を計算します。図7の断面図を見てください。変更したベースプレートで計算します。ベースプレートにはアンカーボルトの位置で引張力Qが、端を支点に曲げモーメントが働きます。断面図の三角形はベースプレートに働くモーメントを示しています。

　次に平面図ではベースプレートが荷重に対し有効に働く範囲をアミガケで示しています。ボルト芯から左右45度ずつの扇形の範囲です。ここでは材端で幅7.5cmとなりました。

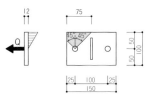

図7

扇形の角度は安全を考慮してもっと小さくとる考え方もありますが、構造材ではないこともあり、ここでは45度を採用しています。

［アンカー引抜力を求める（アンカーボルト1本分）］

$$Q = 1.350\text{N} \times \frac{75\text{cm}}{5\text{cm}} \div 2\text{本} = 10,125\text{N}$$

［ベースプレートに働くモーメントを求める］

　モーメントが最大となるベースプレート端で計算します。

　$M = 10{,}125\text{N} \times 5\text{cm} = 50{,}625\text{Ncm}$

［ベースプレートの断面係数を求める］

　矩形の断面係数は、その断面寸法を横：b、縦：hとして $Z = \dfrac{bh^2}{6}$ で算出されます。

　断面係数　$Z = \dfrac{7.5\text{cm} \times (1.2\text{cm})^2}{6} = 1.8\text{cm}^3$

［曲げ応力度を求める］

　曲げ応力度は、$\sigma = \dfrac{M}{Z}$（M：モーメント、Z：断面係数）より計算します。

　$\sigma = \dfrac{50{,}625\text{Ncm}}{1.8\text{cm}^3} = 28{,}125\text{N/cm}^2$

▶ **STEP 2　比較**

　曲げ応力度 σ が鋼材の許容曲げ応力度 fb を超えなければ"もつ"といえます。

　$\dfrac{28{,}125\text{N}}{23{,}500\text{N}} = 1.196 > 1.0$

　1を超えてしまったため、これももちません。

▶ **STEP 3　判定**

　手順ではSTEPを戻って再計算するのですが、このまま簡単に確認してみましょう。

[ベースプレートの横寸法を20cmに広げ計算]（図8）

横寸法15cmのベースプレートではもたなかったので、20cmのもので計算します。

断面係数 $Z = \dfrac{10\text{cm} \times (1.2\text{cm})^2}{6} = 2.4\text{cm}^3$

$\sigma = \dfrac{M}{Z} = \dfrac{50{,}625\text{Ncm}}{2.4\text{cm}^3}$

$= 21{,}093.75\text{N/cm}^2 < 23{,}500\text{N/cm}^2$

$= \dfrac{21{,}093.75}{23{,}500} = 0.9 < 1.0$

1を下回ったため"もつ"となりますが、ほかにも適切な組合せがあるかもしれません。

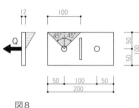

図8

鋼材の許容曲げ応力度（短期）は23,500N/cm²とします。建築基準法施行令の定めを根拠とし、日本建築学会の『鋼構造設計規準－許容応力度設計法』に記載されています。

・ベースプレートの厚さが1.6cmではどうでしょう。

断面係数 $Z = \dfrac{7.5\text{cm} \times (1.6\text{cm})^2}{6}$
$= 3.2\text{cm}^3$

$\sigma = \dfrac{M}{Z} = \dfrac{10{,}125\text{N} \times 5\text{cm}}{3.2\text{cm}^3}$
$= 15{,}820\text{N/cm}^2$

$\dfrac{15{,}820\text{N}}{23{,}500\text{N}} = 0.673 < 1.0$

1を下回ったため"もつ"となりますが、1.6cmはちょっと厚いかもしれません。

ベースプレートとアンカーボルト ❷

4本のあと施工アンカーで取り付けた手摺

アンカーボルトが4本の手摺が"もつ"には、どう考えれば良いでしょうか？

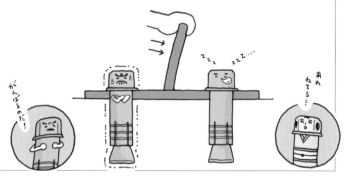

▶ 概要

高さ100cmの手摺に1,500Nの水平力が働きます。ベースプレートは1.2×26×26cm、アンカーボルトはあと施工アンカー4本とします（図1）。

▶ 計算のポイント

前節の例に倣ってアンカーボルト、コンクリート、ベースプレートを順に計算します。

水平力はベースプレートの端、図2のA点を基点に手摺を転倒させます。この動きには図2の下向き矢印b点のアンカーが抵抗します。b点には奥行き方向にもう1本アンカーボルトがあり、合計2本で抵抗します。そこでここでは、このb点の2本のアンカーボルトの引抜力を計算します。計算項目は、こちらも前節同様、以下の三つとします。

1 ｜ アンカーボルトは引き抜かれないか？
2 ｜ コンクリートは破断しないか？

4本のアンカーボルトで留めた手摺

3 | ベースプレートは曲がらないか？

▶ 条件の整理

支柱長さ　$L = 100$cm
水平荷重　$P = 1,500$N/m
ヤング係数　$E = 20,500,000$N/cm^2
ベースプレート　PL-$1.2 \times 26 \times 26$cm
構造用鋼材の許容曲げ応力度　$fb = 23,500$N/cm^2
（短期）
アンカーボルトM12の許容引張力　$T = 13,140$N
（メーカー報告値）
アンカーボルトの埋込み深さ　6.5cm

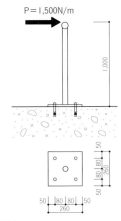

図1

1 | アンカーボルトは引き抜かれないか？

▶ STEP 1　力学の計算

［アンカーの引抜力を求める（アンカー2本分）］

$$Q = 1,500\text{N} \times \frac{100\text{cm}}{21\text{cm}} = 7,142.86\text{N}$$

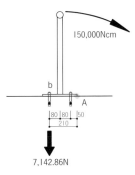

図2

▶ STEP 2　比較

引抜力がアンカーボルトの許容耐力より小さければOKです。メーカーによる許容引張力は13,140Nです。

アンカーは2本であるから、

アンカーの許容引張力　$T = 13,140\text{N} \times 2$本
$= 26,280$N

7,142.86N＜26,280N

上記の比較より、アンカーの許容耐力が引抜力を上回るためOKとなります。

▶ **STEP 3　判定**

$$\frac{7,142.86\text{N}}{26,280\text{N}} = 0.27 < 1.0$$

となり"もつ"と判定します。

| 2 | コンクリートは破断しないか? |

▶ **STEP 1　力学の計算**

　図3のコーン形状を想定し計算の基準とします。

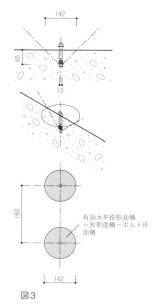

図3

[コンクリート破断による許容強度を求める]

　許容引張力　$T = \frac{2}{3} \times 0.75 \times 0.31\sqrt{Fc} \times$ 有効水平投影面積

$Fc = 24\text{N/mm}^2$

有効水平投影面積 $= 15,723.67\text{mm}^2$ より、

　許容引張力　$T = \frac{2}{3} \times 0.75 \times 0.31\sqrt{24} \times 15,723.67$
　　　　　　　　$= 11,939.64\text{N}$

▶ **STEP 2　比較**

　アンカーは2本であるから、

　アンカーの許容引張力　$T = 11,939.64\text{N} \times 2$本
　　　　　　　　　　　　　$= 23,879.28\text{N}$

$7,142.86\text{N} < 23,879.28\text{N}$

　上記の比較より、アンカーの許容耐力が引抜力を上回るためOKとなります。

▶ **STEP 3　判定**

$$\frac{7,142.86\text{N}}{23,879.28\text{N}} = 0.3 < 1.0$$

となり"もつ"と判定します。

3 | ベースプレートは曲がらないか？

▶ STEP 1　力学の計算

支柱の右側では、150,000Ncmのモーメントによって、アンカーボルトの位置にベースプレートを押す力cが働きます（図4）。ベースプレート端部ではcと同じ大きさの力dが押し返してつり合いを保ち、そこでモーメントが最大になります。この力は「1.アンカーボルトは引き抜かれないか？」で求めた引抜力に相当します。

このモーメントは、ベースプレートを曲げ、破壊しますから、曲がらないような厚さを決める必要があります。

ここで、アンカーボルトの中心点に働く力は、外側に広がって伝わり、その広がりは、図5の平面図にあるように、45度の二等辺三角形になると考えます。

図5の平面図では、アンカーの端あきが5cmなので、ベースプレート端での有効幅は10cmとなります。つまりモーメントが最大になる先端で幅10cmです。

ベースプレートの厚さを1.2cmとして話を進めましょう。

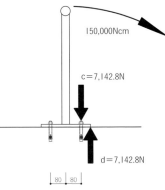

図4

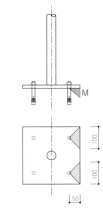

図5

[ベースプレートに働くモーメントを求める]

$$M = 7,142.86\text{N} \times 5\text{cm} = 35,714.3\text{Ncm}$$

[ベースプレートの断面係数を求める]

断面係数　$Z = \dfrac{bh^2}{6} = \dfrac{10\text{cm} \times (1.2\text{cm})^2}{6} = 2.4\text{cm}^3$

[曲げ応力度を求める]

ボルト2本中の1本を計算します。

$$\sigma = \frac{M}{Z} = \frac{35{,}714.3\text{N} \div 2\text{本}}{2.4\text{cm}^3} = 7{,}440.48\text{N/cm}^2$$

▶ STEP 2　比較

鋼材の許容曲げ応力度 fb（短期）は 23,500N/cm² となっているので、

7,440.48N/cm² ＜ 23,500N/cm²

上記の比較より、ベースプレートの強度が曲げ応力度を上回るためOKとなります。

▶ STEP 3　判定

$$\frac{7{,}440.48\text{N}}{23{,}500\text{N}} = 0.32 < 1.0$$

1を下回ることから、余裕をもって"もつ"と判定します。

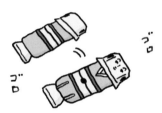

手摺の支柱

コンクリート壁に取り付けた手摺の支柱

コンクリート壁の上に手摺を取り付けます。手摺の支柱はどう"もつ"のでしょうか？

▶ **概要**

コンクリート壁の上に手摺を取り付けます（図1）。手摺の足元は強固に取り付けられています。足元の計算方法はp.22を参照してください。

▶ **計算のポイント**

人が手摺を握って押します（図2）。応答がなければそのまま倒れるので、支柱を立てて支えます。支柱の先端には水平力Phが働きます。一方、足元にはPhと同じ大きさで向きが反対の力Pbが働きます（図3）。

すると支柱は曲げられ、この曲げる力に耐えて折れ曲がらなければ"もつ"といえます。さらに、支柱のどの部分を取り出してもPhとPbは押合いを演じていて、この押合いが支柱全体を間断なく切断しようとする力となります。この切る力（せん断力）で切断されなければ支柱は"もつ"といえます。そして、人が手摺を握って押すと支柱は少し曲げられて止まります

コンクリート壁の上に立つ手摺

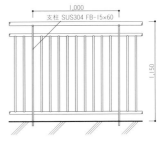

図1

2. 建築2次部材の構造計算　27

が、その移動寸法δをたわみといいます。手摺を押す力を取り除いたときに元の位置に戻れば支柱は"もつ"といえます。

　これら三つの働きは力が働いた瞬間、同時に起こるのですが、構造計算では便宜上、これらを切り分けて判定します。以上を考慮して、計算項目は以下の三つとします。

1 ｜ 支柱が曲がり、折れないか？
2 ｜ 支柱が切断しないか？
3 ｜ 支柱がたわんだ後、力を取り除いたら元に戻るか？

▶ 条件の整理

　支柱の先端には手摺を押す力（集中荷重）が水平に働きます。この集中荷重は1,500N/m（数値の根拠はp.14を参照してください）とします。図4は計算の模式図です。事前にこのような模式図を描くとポイントが理解しやすくなります。

> 手摺支柱材　SUS304　FB-15×60×1,150mm
> 支柱ピッチ　1,000mm
> 支柱長さ　　$L = 115$cm
> 集中荷重　　$P = 1,500$N/m（ハンドレール1m当たり）
> ヤング係数　$E = 19,300,000$N/cm^2
> 許容曲げ応力度　$fb = 20,600$N/cm^2（短期）
> 断面係数　　$Z = 9.0$cm^3
> 断面2次モーメント　$I = 27.0$cm^4

1 ｜ 支柱が曲がり、折れないか？

▶ STEP 1　力学の計算

　支柱を曲げる力（モーメントM）は、$P \times L$（力×距離）で示されます。つまり、Mの最大値は、Lの最大値である支柱の足元に作用することになります。

図2

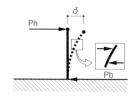

図3

SUS304の許容曲げ応力度は、JIS G 4304の「機械的性質」より引用。

図4

断面係数は長方形断面では$\frac{bh^2}{6}$で算出できる。
断面2次モーメントは、長方形断面では$\frac{bh^3}{12}$で算出できる。

［支柱に働くモーメントを求める］

$$M = P \times L = 1{,}500\text{N} \times 115\text{cm} = 172{,}500\text{Ncm}$$

［支柱の断面係数］

$$Z = 9.0\text{cm}^3$$

［曲げ応力度を求める］

$$\sigma = \frac{M}{Z} = \frac{172{,}500\text{Ncm}}{9\text{cm}^3} = 19{,}166.67\text{N/cm}^2$$

▶ STEP 2　比較

曲げ応力度 σ が鋼材の許容曲げ応力度 fb を超えなければ"もつ"と考えます。

$19{,}166.67\text{N/cm}^2 < 20{,}600\text{N/cm}^2$

上記の比較により、鋼材の許容曲げ応力度が支柱に働く曲げ応力度を上回るためOKとなります。

▶ STEP 3　判定

$$\frac{19{,}166.67}{20{,}600} = 0.93 < 1.0$$

1を下回るので"もつ"と判定します。

2 ｜ 支柱が切断しないか？

▶ STEP 1　力学の計算

せん断力によって支柱が切断しないかについては、下式により計算します。

$$\frac{\text{最大せん断力}}{\text{支柱の断面積}} < \text{許容せん断応力度}$$

[最大せん断応力度の計算]

せん断力は切る力なので、押し合う二つの力の大きいほうに等しいといえます。

このことから、支柱1本に働く最大せん断力は、以下のものになります。

最大せん断力　$Q_{max} = P \times 支柱ピッチ$
$= 1,500\text{N/m} \times 1\text{m} = 1,500\text{N}$

最大せん断応力度　$\tau_{max} = \dfrac{1,500\text{N}}{1.5\text{cm} \times 6\text{cm}}$
$= 166.67\text{N/cm}^2$

[許容せん断応力度を求める]

許容せん断応力度　$fc = \dfrac{20,600\text{N/cm}^2}{\sqrt{3}}$
$= 11,893.42\text{N/cm}^2$
$= 11,900\text{N/cm}^2$

許容せん断応力度　$fc = \dfrac{Fc}{\sqrt{3}}$

▶ **STEP 2　比較**

支柱に働く最大せん断応力度 τ_{max} が許容せん断応力度 fc を超えなければ"もつ"と考えます。

$166.67\text{N/m}^2 < 11,900\text{N/m}^2$

上記の比較により、鋼材の許容せん断応力度が支柱に働くせん断応力度を上回るためOKとなります。

▶ **STEP 3　判定**

$\dfrac{166.67\text{N/m}^2}{11,900\text{N/m}^2} = 0.01 < 1.0$

1を大きく下回りますので"もつ"と判定します。

3 | 支柱がたわんだ後、力を取り除いたら元に戻るか？

たわみは、たわみ量 δ を計算し、$\frac{\delta}{L}$（L＝支柱長さ）で求めます。この値を日本建築学会の『鋼構造設計規準—許容応力度設計法』では次のように記載しています。「長期に作用する荷重に対するはり材のたわみは、通常の場合はスパンの $\frac{1}{300}$ 以下、片持ち梁では $\frac{1}{250}$ 以下とする。ただし、もや・胴縁などについては、その仕上材に支障を与えない範囲でこの限度を超えることができる」。たわみの数値に関する指摘は、調べる限り、これ以外の法律や指針では見当たりません。また、たわみを揺れと捉え地震時の共振と関連づける解釈もありますが、これは構造材についての指摘であり、建築2次部材について確定された数値は見当たりません。

そこで筆者は通常、この数値が $\frac{1}{100}$ より小さければ "もつ" と判定しています。$\frac{1}{100}$ とは、手摺高さ1mに対して先端が1cm動く量です。鋼材はその程度で元に戻らないことはありません。また、この動きを支柱先端の「揺れ」と捉えると、手摺の向こう側と手前側で都合2cm動くことになります。2cm揺れるとすると少し怖い。たわみは曲げやせん断とは違い、崩壊を予測するのでなく、恐怖を測る判定といえるかもしれません。

▶ STEP 1 力学の計算

[たわみ量を求める]

手摺支柱のように、材料の片側端部が固定され、反対側が拘束されない片持ち梁のたわみ量は下式で計算します。Eはヤング係数、Iは断面2次モーメントです。

$$\delta = \frac{PL^3}{3EI} = \frac{1{,}500\text{N} \times (115\text{cm})^3}{3 \times 19{,}300{,}000\text{N/cm}^2 \times 27\text{cm}^4}$$
$$= 1.46\text{cm}$$

支柱の先端が1.46cm動く結果となりました。

▶ **STEP 2　比較**

支柱のたわみは、

$$\frac{\delta}{L} = \frac{1.46\text{cm}}{115\text{cm}} = \frac{1}{78} > \frac{1}{100}$$

上記の比較より、$\frac{1}{100}$ を上回り OUT となります。

▶ **STEP 3　判定**

$\frac{1}{100}$ を上回り、たわみ量も約1.5cmで、都合3cmほど揺れる結果ですから、OUT と判定します。

曲げで OK でもたわみで OUT になることはよくあります。そこで、部材の寸法を大きくしてたわみ量のみを再計算します。なお、材料寸法を大きくするので、曲げとせん断の判定は OK になると判断し、ここでは計算を省略します。

再計算 3　｜　支柱がたわんだ後、力を取り除いたら元に戻るか？

▶ **STEP 1　力学の計算**

支柱材の寸法を 15×60mm から 16×75mm とします。

断面係数　　　　　　　$Z = 15.0\text{cm}^3$
断面2次モーメント　　$I = 56.25\text{cm}^4$

[たわみ量の計算]

たわみ量は下式によって計算します。

$$\delta = \frac{PL^3}{3EI} = \frac{1{,}500\text{N} \times (115\text{cm})^3}{3 \times 19{,}300{,}000\text{N/cm}^2 \times 56.25\text{cm}^4}$$
$$= 0.7\text{cm}$$

▶ **STEP 2　比較**

支柱のたわみは、

$$\frac{\delta}{L} = \frac{0.7\mathrm{cm}}{115\mathrm{cm}} = \frac{1}{164} < \frac{1}{100}$$

上記の比較より、$\frac{1}{100}$ を下回り OK となります。

▶ **STEP 3　判定**

1,500N/m に対して、たわみ量 0.7cm とわずかなので OK と判定します。

鉄骨下地

風を受けるベランダ壁の鉄骨下地

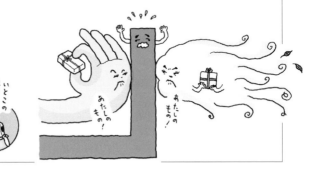

地上10mのベランダ壁の
鉄骨下地は
どう"もつ"のでしょうか？

▶ 概要

　地上10mのベランダ壁を鉄骨下地のうえ、サイディングボード張りでつくります（図1）。その下地に必要な断面性能を求めます。

　一般的な構造計算の手順は、最初に使用部材を推定し仮定断面を決めます。次にそれが"もつ"かどうかを計算します。もしもたなければサイズを変えて再計算し、OKとなるまでこれを繰り返します。ところが現場では、その場で的確な部材寸法を求められることが多い。そこでここでは、そんな経験から編み出した方法を解説します。本来の手順をひっくり返して、与条件から必要な部材の断面性能（断面係数と断面2次モーメント）を1度の計算で提示します。この方法は、建築2次部材のように単純な構造だから可能で、緊急のときに非常に有効な計算方法です。

マンションのベランダ壁

ベランダ壁の鉄骨下地

▶ **計算のポイント**

部材断面は、曲げ計算に必要な断面係数（Z）とたわみ計算に使う断面2次モーメント（I）で決まります（せん断は、曲げとたわみをクリアする断面ならばOKになるのでここでは省略します）。そこで、曲げとたわみの計算式を書き換えて必要な二つの数値を算出します。あとは、算出したZとIを上回る断面寸法を鋼材表から選ぶだけです。これらを考慮して、計算項目は以下の二つとします。

1 ｜ 条件をクリアする断面係数を求める
2 ｜ 条件をクリアする断面2次モーメントを求める

▶ **条件の整理**

風による水平荷重は、この例の設計図書では2,500N/m²とされています。加えて、内側より人が手摺を押す力は1,500N/mを採用します。

・等分布荷重（風圧力）の整理

風圧力は床梁に固定された竪胴縁で支えます。図2の、梁芯から上の片持ち梁と考えます。またそのピッチは60cmで、図中の斜線部が、竪胴縁1本が風を負担する面積です。

・集中荷重（人が押す力）の整理

胴縁ピッチは60cmですから、竪胴縁1本に働く力荷重は図3の斜線の長さとなります。

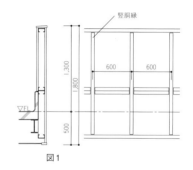
図1

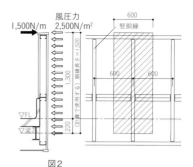
図2

以上のことから、計算の条件は下記となります。

（計算で使用する）胴縁長さ　$L = 152$ cm
風圧力　　　　$W = 2,500$ N/m²
等分布荷重　　$w = 2,500$ N/m² × 0.6m
　　　　　　　　= 1,500 N/m = 15 N/cm（図4）
集中荷重　　　$P = 1,500$ N/m × 0.6m
　　　　　　　　= 900 N（図5）

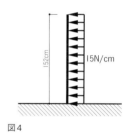
図4

2. 建築2次部材の構造計算

ヤング係数　$E = 20,500,000 \text{N/cm}^2$
鋼材の許容曲げ応力度　$fb = 23,500 \text{N/cm}^2$（短期）

図5

1 ｜ 条件をクリアする断面係数を求める

▶ STEP 1　力学の計算

[風圧力による必要断面係数を求める]

片持ち梁に等分布荷重が働く場合の最大モーメントは下式で計算します。

$$M = \frac{wL^2}{2} = \frac{15\text{N/cm} \times (152\text{cm})^2}{2} = 173,280 \text{Ncm}$$

曲げ応力度の計算式、$\sigma = \dfrac{M}{Z}$ を必要断面係数式 Z を求める式に書き換えます。

$$Z = \frac{M}{\sigma} = \frac{173,280 \text{Ncm}}{23,500 \text{N/cm}^2} = 7.37 \text{cm}^3$$

[人が押す力による必要断面係数を求める]

片持ち梁に働く集中荷重によるモーメントは下式になります。

$$M = P \times L = 900\text{N} \times 152\text{cm} = 136,800 \text{Ncm}$$

必要断面係数は、

$$Z = \frac{M}{\sigma} = \frac{136,800 \text{Ncm}}{23,500 \text{N/cm}^2} = 5.82 \text{cm}^3$$

▶ STEP 2　比較

風圧力による必要断面係数 7.37cm^3 を上回る。
人が押すことによる必要断面係数 5.82cm^3 を上回る。

▶ STEP 3　判定

この計算では、風圧力も人が押す力も短期荷重としています。これは常時荷重ではない力です。この場合、

二者のうち部材にかかる応力が大きくなり、壊れやすい7.37cm^3を上回る断面係数の部材寸法を提示することとします。

2 | 条件をクリアする断面2次モーメントを求める

▶ STEP 1　力学の計算

[たわみ量を決める]

　ベランダ壁であることからできるだけ安全な数値としたいので、たわみは$\dfrac{1}{150}$を採用することとします。この数値から、たわみ量$\delta = \dfrac{胴縁長さ}{150} = \dfrac{152}{150} = 1.01\text{cm}$となります。

[風圧力による必要断面2次モーメントを求める]

　片持ち梁に等分布荷重が働く場合の最大たわみは下式で計算します。

$$\delta = \frac{wL^4}{8EI}$$

これをIを求める式に書き換えます。

$$I = \frac{wL^4}{8E\delta} = \frac{15\text{N/cm} \times (152\text{cm})^4}{8 \times 20{,}500{,}000\text{N/cm}^2 \times 1.01\text{cm}}$$
$$= 48.33\text{cm}^4$$
$$I = 48.33\text{cm}^4$$

[人が押す力による必要断面2次モーメントを求める]

　片持ち梁に集中荷重が働く場合の最大たわみは下式で計算します。

$$\delta = \frac{PL^3}{3EI}$$

これをIを求める式に書き換えます。

$$I = \frac{PL^3}{3E\delta} = \frac{900\text{N} \times (152\text{cm})^3}{3 \times 20{,}500{,}000\text{N/cm}^2 \times 1.01\text{cm}}$$

$\quad = 50.88\text{cm}^4$

$I = 50.88\text{cm}^4$

▶ **STEP 2　比較**

　風圧力による必要断面2次モーメント48.33cm^{4}を上回る。

　人が押すことによる必要断面2次モーメント50.88cm^{4}を上回る。

▶ **STEP 3　判定**

　二者のうち条件の悪いほうである50.88cm^{4}を上回る断面2次モーメントの部材寸法を提示することとします。

[必要断面性能の提示]

　ここまでの計算から下記の必要断面性能を提示します。

　断面係数Zは7.37cm^{3}を上回る。

　断面2次モーメントIは50.88cm^{4}を上回る。

[必要断面性能より部材サイズを提示]

　　リップ溝形鋼ならば　　　□ − 100 × 50 × 20 × 1.6
　　　……Z = 11.7cm^3　　I = 58.4cm^4 以上
　　角パイプならば　　　　　□ − 75 × 75 × 2.3
　　　……Z = 15.2cm^3　　I = 57.1cm^4 以上
　　アングルならば　　　　　L − 75 × 75 × 9
　　　……Z = 12.1cm^3　　I = 64.4cm^4 以上

吊りボルト、接合ボルト

吊り材で取り付けられた内部天井下地

内部天井を
取り付けます。
この天井下地は
どう"もつ"でしょうか?

▶ **概要**

　天井の下地を取り付けます。天井ふところ高さが1,500mmで、上階のスラブや梁から天井仕上材を吊っています。吊り材長さが長いと地震時に天井がブランコのように揺れ、きしんだり、壁に当たって破損や落下の原因になります。これらを考慮し、天井下地の要である吊り材と、横揺れを防ぐブレースを計算します。

内部天井下地

なお、2013年8月5日の『官報』に告示の「特定天井及び特定天井の構造耐力上安全な構造方法を定める件」により定められた天井には、本稿で扱う天井は含まれません。この告示に定められた天井は建築構造計算の判断が必要となりますのでご注意ください。

▶ **計算のポイント**

　天井仕上材の荷重は、野縁を下へ引っ張り、その力は野縁受けへ、野縁受けから吊り材へと伝わります。このように天井吊り材は、天井仕上材により引張りを受けます（図1）。地震時の横揺れを防ぐのはブレースです。ブレースは、吊り材と野縁受けを結び、横に動こうとする野縁受けの襟首を掴むように引き寄せて吊り材と野縁受けとの垂直を維持します（図2）。

また、吊り材の長さが1,500mmを超える状況では、適正なブレースを設けることを日本建築学会などでは指針として示しています。以上を考慮して、計算項目は以下の三つとします。

1 ｜ 吊り材は引きちぎられないか？
2 ｜ ブレースは引きちぎられないか？
3 ｜ 吊り材とブレースの接合ボルトは切れないか？

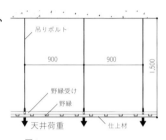

図1

鋼材の許容引張応力度は建築基準法施行令および『鋼構造設計規準－許容応力度設計法』（日本建築学会）によります。

▶ **条件整理**

吊りボルト　W3/8の鋼製3分ボルト
　有効断面積　$A = 0.491 \text{cm}^2$
　断面2次半径　$i = 0.198 \text{cm}$
　ピッチ　900mm × 900mm
　長さ　$L = 1,500$mm
　吊りボルト1本当たりの負担範囲
　　　　900mm × 900mm（図3のアミガケ部分）
ブレース　St ⌐ − 38 × 12 × 1.2mm
　断面積　$A = 0.69 \text{cm}^2$
天井材の荷重　80N/m²
野縁（室内用）の荷重　4.0N/m　@300
鋼材の許容引張応力度　$ft = 23,500 \text{N/cm}^2$（短期）
　　　　　　　　　　　$ft = 15,600 \text{N/cm}^2$（長期）

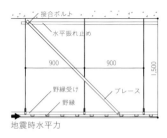

図2

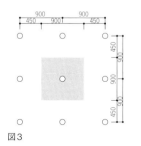

図3

　『非構造部材の耐震設計施工指針・同解説および耐震設計施工要領』（日本建築学会）では、天井ふところが1,500mmを超える場合は、水平振れ止め（X、Y方向1,800mmピッチ程度）およびブレース補強を行うとし、ブレースはチャンネル（⌐ − 38 × 12 × 1.2）等を使用して、X、Y両方向に天井面積30m²以内当たり各一対入れるとしていますので、これを採用します。

水平振れ止め　　縦横方向　ピッチ1.8m以内

ブレース　　　　縦横方向　ピッチ3.6m以内

　吊りボルトと野縁受けとを拘束するのはブレースなので、横方向の力にはブレースのみが働くとして計算します。なお、ブレースはピッチ5.4m以内に設置すれば、先の指針による天井面積30m²以内となりますが、ここではより安全を考慮し3.6m以内としました。

1 ｜ 吊り材は引きちぎられないか?

▶ STEP 1　力学の計算

[吊りボルト1本当たりの負担荷重を求める]

　天井仕上材　　$Pa = 80\text{N/m}^2 \times 0.9\text{m} \times 0.9\text{m}$
　　　　　　　　　　$= 64.8\text{N}$
　野縁　　　　　$Ps = 4.0\text{N/m} \times 0.9\text{m} \times 3\text{本}$
　　　　　　　　　　$= 10.8\text{N}$

[吊りボルト1本に働く引張力を求める]

$P = Pa + Ps = 64.8\text{N} + 10.8\text{N} = 75.6\text{N}$

[吊りボルトに働く引張応力度を求める]

$\sigma = \dfrac{P}{A} = \dfrac{75.6\text{N}}{0.491\text{cm}^2} = 153.97\text{N/cm}^2$

▶ STEP 2　比較

　吊りボルトに働く引張応力度 σ が許容引張応力度 ft を下回れば吊りボルトは"もつ"ことになります。

$153.97\text{N/cm}^2 < 15,600\text{N/cm}^2$

> 天井荷重は常に吊りボルトを引っ張りますから許容引張応力度は長期を採用します。

▶ STEP 3 判定

$$\frac{吊りボルトに働く引張応力度}{許容引張応力度} = \frac{153.97\text{N/cm}^2}{15{,}600\text{N/cm}^2}$$
$$= 0.01 < 1.0$$

1.0を大きく下回るので"もつ"と判定します。このように一般的な天井荷重とボルトの許容応力度を知っておくと、天井仕上げに少し重い材料を使っても、計算するまでもなく"もつ"か"もたない"かをイメージできます。

2 │ ブレースは引きちぎられないか?

▶ STEP 1 力学の計算

[ブレース2本（一対）が負担する天井面積を求める]（図4）

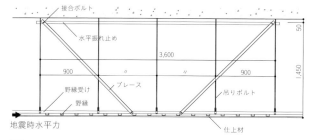

図4

$3.6\text{m} \times 3.6\text{m} = 12.96\text{m}^2 < 30\text{m}^2$

『非構造部材の耐震設計施工指針・同解説および耐震設計施工要領』では、天井面積30m²以内当たり各一対のブレースを設置することを推奨しています。

[ブレース1本が負担する天井の荷重を求める]

天井仕上材	Pa	$= 80\text{N/m}^2 \times 3.6\text{m} \times 3.6\text{m}$
		$= 1{,}036.8\text{N}$
野縁	Ps	$= 4.0\text{N/m} \times 3.6\text{m} \times 12$ 本
		$= 172.8\text{N}$
天井仕上材＋野縁	$P2$	$= 1{,}036.8\text{N} + 172.8\text{N}$
		$= 1{,}209.6\text{N}$

[設計用震度]

$KH = 1.0$

設計用震度は、建築基準法施行令ほかによります。なお、設計用震度は、建物の階数、地域区分、建物用途などによる係数から採用されますが、ここでは鉛直荷重がそのままブレースに働くとして1.0を採用します。

[ブレース1本に働く引張力を求める]

ブレース角度45°

$$P = P2 \times KH \times \frac{1}{\cos 45°}$$
$$= 1{,}209.6\text{N} \times 1.0 \times 1.41 = 1{,}705.54\text{N}$$

[ブレースに働く引張応力度]

$$\sigma = \frac{P}{A} = \frac{1{,}705.54\text{N}}{0.69\text{m}^2} = 2{,}471.80\text{N/cm}^2$$

▶ STEP 2 　比較

ブレースに働く引張応力度 σ が許容引張応力度 ft を下回れば、ブレースは"もつ"ことになります。

$2{,}471.80\text{N/cm}^2 < 23{,}500\text{N/cm}^2$

天井の揺れは地震時を想定していますから許容引張応力度は短期（$ft=23{,}500\text{N/cm}^2$）を採用します。

▶ STEP 3 　判定

$$\frac{\text{ブレースに働く引張応力度}}{\text{許容引張応力度}} = \frac{2{,}471.80\text{N/cm}^2}{23{,}500\text{N/cm}^2}$$
$$= 0.11 < 1.0$$

1.0を大きく下回るので"もつ"と判定します。

3 ｜ 吊り材とブレースの接合ボルトは切れないか？

▶ STEP 1 　力学の計算

ブレースに働く引張力は接合ボルトにせん断力として働き、接合ボルトを切る働きとなります。そのせん断力の大きさは、ブレースに働く引張力に等しいと考えます。

[接合ボルト仕様]

M8ボルト1本で接合する。

[強度区分4.8]

強度区分とは、ボルトの引張耐力を示す数字です。「4.8」の「4」は引張強度が400N/mm²あることを、「8」は400N/mm²の8割である320N/mm²を超える力が加わると力を取り除いても元の形状に戻らなくなることを表します（図5）。

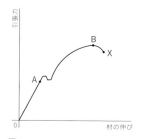

図5
引張力と鋼材の伸びの関係を示すグラフ。鋼材は引張力によって伸び、その力を取り除くと元に戻りますが、引張力がA点を超えると力を取り除いても元に戻らない「比例限界」となります。B点が「引張強度」で、Xで「破断」を迎えます。強度区分4.8の「4」はB点、「8」はA点の引張力を示しています。

[接合ボルトに働くせん断力]

$Q = P = P2 \times KH = 1{,}209.6\text{N}$（短期）

ボルト接合の場合、ボルトの引張力とせん断力に期待します。高力ボルトは引張力によって、普通ボルトはせん断力によって材を拘束します。普通ボルトは、一般的なレンチを使い締め付けますが、材のズレをボルトのせん断力で耐え、拘束します。このことから、普通ボルト接合は「ピン」として扱います。ここではブレースの両端部をピン接合とし、普通ボルトを使います。なお、ボルトに対し、せん断面が一つの場合を1面せん断（図6）、二つの場合を2面せん断（図7）と呼びます。

図6　1面せん断

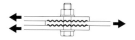

図7　2面せん断

[接合ボルト1本の許容せん断応力]

$fbs = 5{,}070\text{N}$（短期）

$fbs = 5{,}070\text{N}$（短期）は、『鋼構造設計規準−許容応力度設計法』（日本建築学会）による強度区分4.8のM8ボルトの許容せん断応力度（1面せん断）（図8）

▶ **STEP 2　比較**

接合ボルトに働くせん断力Qがボルトの許容せん断応力fbsを下回れば"もつ"といえます。

$1{,}209.6\text{N} < 5{,}070\text{N}$

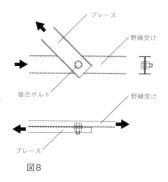

図8

▶ **STEP 3 判定**

$$\frac{1,209.6\text{N}}{5,070\text{N}} = 0.24 < 1.0$$

1.0を大きく下回るので"もつ"と判定します。

吊りボルト

風が吹き付ける軒天井下地

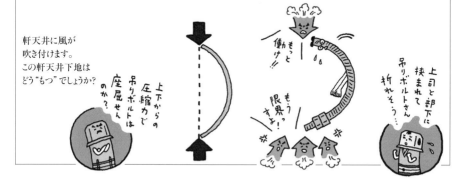

軒天井に風が
吹き付けます。
この軒天井下地は
どう"もつ"でしょうか？

▶ 概要

ビルの1階エントランスの軒天井下地です。壁に吹き付けた風はさらに壁沿いに走り、軒天井にも影響を与えます。『実務者のための建築物外装材耐風設計マニュアル』（日本建築学会）によれば、その力の最大値は壁に吹き付ける力と近い値を示すと報告しています。このように軒天井を取り付ける際は、内部では考えなかった風の要素が増えます。

軒天井下地

▶ 計算のポイント

風圧には、天井材に吹き付ける「正圧」と、建物を吹き抜けるときに天井材を引きはがそうとする「負圧」があり（図1）、これらの力には天井吊り材で耐えます。軒天井の吊り材は、正圧で圧縮され、負圧で引っ張られます。よってここでは、内部では考えない圧縮にどの程度耐えるのか確認します。以上を考慮して、計算項目は以下とします。

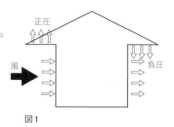

図1

天井吊り材は折れ曲がらないか？

▶ **条件の整理**

指定風圧力　$W = 1,500\text{N/m}^2$

　　設計図書に定められた値を採用します。

吊りボルト　W3/8の鋼製3分ボルト

　有効断面積　$A = 0.491\text{cm}^2$

　断面2次半径　$i = 0.198\text{cm}$

　ピッチ　900mm × 900mm

座屈防止材　St□ - 19 × 19 × 1.2

　断面積　$A = 0.842\text{cm}^2$

　断面2次半径　$i = 0.724\text{cm}$

　ピッチ　900mm × 900mm

天井材の荷重　80N/m^2

野縁（室外用）の荷重　4.7N/m @227

ヤング係数　$E = 20,500,000\text{N/cm}^2$

鋼材の許容引張応力度　$ft = 23,500\text{N/cm}^2$（短期）

　　　　　　　　　　　$ft = 15,600\text{N/cm}^2$（長期）

図2
座屈防止材とは吊りボルトに角パイプを通したもので、圧縮力にはこの角パイプが対応します。

鋼材の許容引張応力度は建築基準法施行令および『鋼構造設計規準－許容応力度設計法』（日本建築学会）によります。

天井吊り材は折れ曲がらないか？

▶ **STEP 1　力学の計算**

座屈は下式を満足すれば"もつ"といえます。

座屈防止材に働く圧縮応力度＜許容圧縮応力度

[座屈防止材に働く圧縮力を求める]

まず、吊り材にかかる圧縮応力度を座屈防止材が負担する圧縮応力度を計算します。

[吊り材1本当たりに働く力]

天井材　$Pa = 80\text{N/m}^2 \times 0.9\text{m} \times 0.9\text{m} = 64.8\text{N}$

野縁　$Ps = 4.7\text{N/m} \times 0.9\text{m} \times 4\text{本} = 16.92\text{N}$

風圧力　$P1 = 1,500\text{N/m}^2 \times 0.9\text{m} \times 0.9\text{m} = 1,215\text{N}$

軒天井も、天井材の荷重による引張りと横揺れ防止を計算しますが、その計算過程は内部天井と同じですので、ここでは圧縮の計算に絞ります。シャープペンの芯の両端を指で押していくと、徐々にたわみが大きくなり、限界がきて折れます。同じように材の軸に圧縮力が働くと材が曲がり、やがて折れます。この現象を「座屈」と呼びます（図3）。軒天井を吹き上げる風は、指でシャープペンの芯を押すように、吊り材に座屈を起こす要因となります。

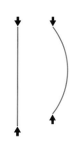

図3

[吊りボルト1本に働く圧縮力]

$$N = P1 - Pa - Ps$$
$$= 1{,}215\text{N} - 64.8\text{N} - 16.92\text{N} = 1{,}133.28\text{N}$$

$P1$とPa、Psは吊りボルトの軸に対して方向が逆の力です。ここでは圧縮方向をプラスとして計算します（図4）。

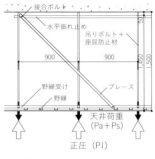

図4

[吊り材1本に働く圧縮応力度]

$$\sigma = \frac{N}{A} = \frac{1{,}133.28\text{N}}{0.491\text{cm}^2} = 2{,}308.11\text{N/cm}^2$$

[座屈防止材が負担する圧縮応力度]

座屈防止材が圧縮に対応するとして計算します。

$$\sigma = \frac{N}{A} = \frac{1{,}133.28\text{N}}{0.842\text{cm}^2} = 1{,}345.94\text{N/cm}^2$$

1,345.94＜2,308.11なので、座屈防止材が負担する圧縮応力度が吊り材1本に働く圧縮応力度より下回ります。座屈防止材が座屈に対応するとして計算します。

[許容圧縮応力度を求める]

許容圧縮応力度を導く手がかりは細長比λ（ラムダ）です。細長比λから許容圧縮応力度fcを求めます（図5）。

$$\lambda = \frac{\ell \times \ell x}{i}$$

i：断面2次半径
ℓ：吊り材の長さ
ℓx：座屈長

・座屈防止材の断面2次半径（図6）$i = 0.724\text{cm}$
この値が大きいほど曲がりにくい断面形状となります。

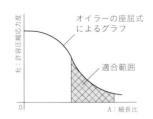

図5
オイラーの座屈式のグラフ。許容引張応力度は材質によって定められた数値で、材の長さに無関係ですが、許容圧縮応力度は、材の断面、長さ、支持方法などの組合せにより値が異なります。オイラーの座屈式は、これを細長比という数値を用いて算出します。ただし、細長比が1～250の範囲の外では、実情に合致した値が求められないことが経験的にわかっています。

・座屈防止材の座屈長　$\ell x = 0.7$

　材料の曲がる様子は、両端部の拘束状況で決まります。それを四つに区分し係数が決められています。その中から適切な数値を選びます。この吊り材は、上部を水平振れ止めで固定されています。下部は野縁につながっていますが、野縁は吊っているだけなのでピンとします。この状況を図7に照らすと、固定＋ピンになります。

・吊り材長さ　$\ell = 1{,}450$mm $= 145$cm

　吊り材の長さは、水平振れ止めから天井仕上材までとします。

以上から、

$$\text{細長比}\ \lambda = \frac{\ell \times \ell x}{i} = \frac{145\text{cm} \times 0.7}{0.724\text{cm}} = 140.19 < 250$$

　オイラーの座屈式は細長比と許容圧縮応力度を1対1で結びつける表として『鋼構造設計規準-許容応力度設計法-』などに「$F = 235$N/mm^2 鋼材の長期応力に対する許容圧縮応力度」として添付されています(表1)。この表より、$\lambda = 140$に対応するfcを引きます。

許容圧縮応力度 fc(長期) $= 4{,}760$N/cm^2
許容圧縮応力度 fc(短期) $= 4{,}760$N/cm$^2 \times 1.5$
　　　　　　　　　　　　$= 7{,}140$N/cm^2

　この表のλの値は1から250です。λが1より小さければ短すぎ、250より大きければ細長すぎて、オイラーの座屈式で求める範囲を外れます。それでも許容圧縮応力度を求める方法はありますが、特別な理由がなければ、座屈長さや断面を変更する工夫をして、この表の範囲で計算が成り立つようにするのがより安全だと判断します。

　先の計算式での140.19＜250の表記は、λがオイラーの座屈式で求める範囲の中にあることを明示しています。

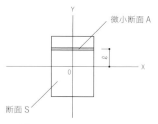

図6
座屈は材が曲がる現象ですが、材を曲げるのはモーメントです。材の曲がりにくさの指標は「断面2次モーメント」です。断面2次モーメントとは、材の全断面Sを微小部分Aに切り分けて、SとAの図芯間距離ℓを2回かけ、この（$A \times \ell^2$）を全断面にわたって足し合わせたものです。
このことから、断面2次モーメントIは$\Sigma(A \times \ell^2)$となり、$I = A \times \ell^2$の式で表します。この式を変形すると
$i = \sqrt{\dfrac{I}{A}}$となり、このiを「断面2次半径」と呼びます。

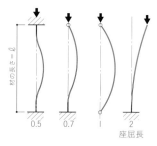

図7

▶ **STEP 2　比較**

　座屈防止材に働く圧縮応力度 σ が許容圧縮応力度 fc を下回れば吊り材は"もつ"ことになります。

$1,345.94\text{N/cm}^2 < 7,140\text{N/cm}^2$

▶ **STEP 3　判定**

$$\frac{座屈防止材に働く圧縮応力度}{許容圧縮応力度} = \frac{1,345.94\text{N/cm}^2}{7,140\text{N/cm}^2}$$
$$= 0.19 < 1.0$$

1.0を下回るので"もつ"と判定します。

表1
$F=235\text{N/mm}^2$鋼材の長期応力に対する許容圧縮応力度の表の一部抜粋

λ	fc (N/mm^2)
⋮	⋮
136	50.5
137	49.7
138	49.0
139	48.3
140	47.6
141	46.9
142	46.3
143	45.6
144	45.0
145	44.4
146	43.8
⋮	⋮

風は突然吹き付けますから、許容圧縮応力度は短期（$fc=7,140\text{N/cm}^2$）を採用します（長期×1.5＝短期）。

入社当時の吊りボルトさん

外壁下地 ❶

外壁ユニットの横胴縁

オフィスビルの外壁を
取り付けます。
この外壁が風を
受けるとどうなるでしょうか?

▶ 概要

工場で下地に金属パネルを取り付け、壁ユニットをつくります。これをカーテンウォールとして取り付け、外壁とします。地震時の揺れによる変異はユニット間の目地で吸収し、ユニット形状の変形はないと考えます。ここでは、この外壁ユニット下地が風を受けて壊れないことを計算によって確かめます。

カーテンウォールの外壁

▶ 計算のポイント

外壁には風が吹き付けます。したがって、外壁ユニット下地には風圧力に耐える強度が要求されます。

計算対象を見極めるポイントは、①最も大きい風圧が働く材はどれか、②その支持方法、の二つです。最大荷重を負担する部材と、それをどう支えるのかを考慮して、計算項目は以下とします。

外壁横胴縁は風で壊れないか?

2. 建築2次部材の構造計算

▶ 条件整理

H（=2m）×W（=4.8m）の外壁ユニットを、スラブから立ち上がるコンクリート壁と梁に固定し、そこにサッシュを取り付けます。ユニット下地はリップ溝形鋼でつくり、両端と中央の3カ所の竪材は肉厚の溝形鋼として、ファスナーを取り付けます（図1）。

- 指定風圧力　　　　　　$W = 2,700\text{N/m}^2$
- 使用鋼材SS400の性能
  - ヤング係数　　　　$E = 20,500,000\text{N/cm}^2$
  - 許容曲げ応力度　　$fb = 15,600\text{N/cm}^2$（長期）
  　　　　　　　　　　$fb = 23,500\text{N/cm}^2$（短期）
  - 許容せん断応力度　$fs = 9,000\text{N/cm}^2$（長期）
  　　　　　　　　　　$fs = 13,600\text{N/cm}^2$（短期）
- 横胴縁　St⊐－125×50×20×3.2の性能
  - 単位重量　　　　　6.13kg/m
  - 断面積　　　　　　$A = 7.807\text{cm}^2$
  - 断面2次モーメント　$Ix = 181\text{cm}^4$
  - 断面係数　　　　　$Zx = 29\text{cm}^3$

指定風圧力は設計図書により定められた風圧力を採用します。

許容せん断応力度は $fs = \dfrac{fb}{\sqrt{3}}$ で求めます。

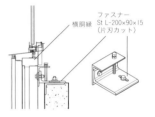

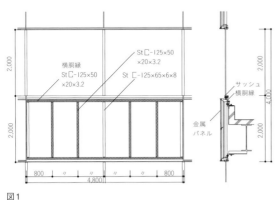

図1

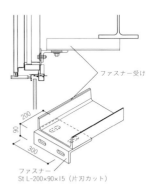

外壁横胴縁は風で壊れないか?

▶ STEP 1　力学の計算

サッシュ＋外壁ユニットのH（=4m）×W（=

4.8m)を単位として外壁を構成します。外壁に風が吹き付けると、サッシュの半分と外壁ユニットの半分を合計した面積の風圧力が下地の横胴縁に伝わると考えます。この横胴縁が負担する面積が最も大きいと認められるので、ここで成否を判定します（図2のアミガケ部分）。長さ4.8mのこの横胴縁を、両端部と中間点でファスナーを介し、普通ボルトで主構造に固定します。普通ボルトの固定はモーメントを伝えませんから、計算ではピンと考えます。

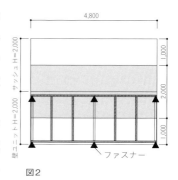
図2

ここまでの状況をモデル図に描き表します。モデル図を描く作業は頭を整理するうえで重要です。材は3点支持の連続梁となりました（図3）。

部材には曲げ、せん断、たわみが起こるため、これらを計算します。

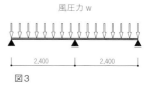
図3

3点支持連続梁の計算法

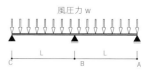

単純梁はつり合い計算で反力を算出できますが、連続梁ではこれができません。そこで、つり合い計算で反力を算出できるよう梁を支点間A-Cの単純梁と見立て、風圧力が働く単純梁①と支点Bに反力が働く単純梁②の二つの単純梁の合成と考えます。

[横胴縁が負担する単位長さ当たりの風圧力wを求める]

指定風圧力　$W = 2{,}700\text{N/m}^2$　　負担幅　2.0m

$w = 2{,}700\text{N/m}^2 \times 2.0\text{m} = 5{,}400\text{N/m}$

[曲げモーメントを求める]

3点支持の連続梁は、単純梁のようにつり合い計算によって反力を得ることができません。そこで、つり合い計算で反力を得るよう工夫します（図4）。

最大曲げモーメントは図5より$\dfrac{wL^2}{8}$です。

$$M = \frac{wL^2}{8} = \frac{54\text{N/cm} \times (240\text{cm})^2}{8} = 388{,}800\text{Ncm}$$

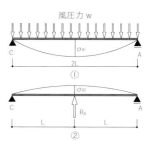

[せん断力を求める]

せん断力は図5より$\dfrac{5wL}{8}$です。

2. 建築2次部材の構造計算　53

$$Q = \frac{5wL}{8} = \frac{5 \times 54\text{N/cm} \times 240\text{cm}}{8} = 8{,}100\text{N}$$

[たわみを求める]

最大たわみは公式より、$\delta = \dfrac{wL^4}{185EI}$ を採用します。

$$\delta = \frac{54\text{N/cm} \times (240\text{cm})^4}{185 \times 20{,}500{,}000 \times 181\text{cm}^4} = 0.26\text{cm}$$

それぞれのたわみは公式により

$$\sigma_{B1} = \frac{5wL^4}{384EI} \qquad \sigma_{B2} = \frac{PL^3}{48EI}$$

①、②を合成すれば、支点BのたわみσB1とσB2は等しくなり、

$$\frac{5w(2L)^4}{384EI} = \frac{R_B \times (2L)^3}{48EI}$$

上式から支点Bの反力R_Bを求めます。

$$R_B = -\frac{5wL}{4}$$

ここから支点AとCの反力を求めます。

$2wL = R_A + R_B + R_C$

$R_A = R_C$ より $R_A = R_C = \dfrac{3wL}{8}$

▶ **STEP 2 比較**

[曲げモーメント]

　風圧力は短期荷重より、許容曲げ応力度 fb（短期）が曲げ応力度 σ を上回れば"もつ"ことになります。

$$\sigma = \frac{M}{Z} = \frac{388{,}800\text{Ncm}}{29\text{cm}^3} = 13{,}406.9\text{N/cm}^2$$

$13{,}406.9\text{N/cm}^2 < 23{,}500\text{N/cm}^2$

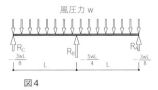

図4

反力より、つり合い計算でモーメントとせん断力を求め、下図を得ます。

[せん断力]

　許容せん断応力度 fs（短期）がせん断応力度 τ を上回れば"もつ"ことになります。

横胴縁の断面積　$A = 7.807\text{cm}^2$

$$\tau = \frac{Q}{A} = \frac{8{,}100\text{N}}{7.807\text{cm}^2} = 1{,}037.53\text{N/cm}^2$$

$1{,}037.53\text{N/cm}^2 < 13{,}600\text{N/cm}^2$

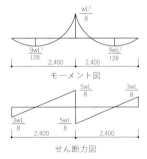

図5

[たわみ]

$\dfrac{\delta}{L}$ が $\dfrac{1}{300}$ を下回れば"もつ"ことになります。基準を $\dfrac{1}{300}$ とする根拠は、p.31を参照してください。

$$\frac{\delta}{L} = \frac{0.26\text{cm}}{240\text{cm}} = \frac{1}{923} < \frac{1}{300}$$

▶ STEP 3　判定

[曲げモーメント]

$$\frac{13,406.9}{23,500} = 0.57 < 1.0$$

1.0 を下回るので"もつ"と判定します。

[せん断力]

$$\frac{1,037.53}{13,600} = 0.08 < 1.0$$

1.0 を大きく下回るので"もつ"と判定します。

[たわみ]

$\frac{\delta}{L}$ が $\frac{1}{300}$ を下回り、たわみ量も 2.6mm と小さいので"もつ"と判定します。

　線材に曲げが働くと、断面形状を保てなくなり座屈が起きます。これを横座屈と呼びます。鋼構造設計規準では、フランジ断面が大きい H 形鋼や溝形鋼に対して横座屈を考慮した計算法を示しています。これは細長比を指標に許容応力度を低減するもので、座屈計算が元になっています。構造材では、これに従って横座屈を織り込んで計算します。

　一方、同規準では、肉薄の断面、矩形中空の断面、壁面や屋根面で横方向に拘束を受ける下地材は、横座屈が起こりにくいとして許容応力度の低減を示していません。

　しかし用途によっては、安全を考慮し許容応力度の低減をするべきだと判断する部材が出てくるかもしれません。その部材には、経験値として許容応力度に 3 割程度の余裕をみるのが、現在妥当な対応だと考えます。

弾性曲線方程式から最大たわみを得る手順

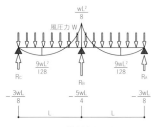

モーメント図の片側半分に注目します。

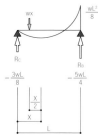

左端から距離 x のモーメントは次式です。

$$M = -\frac{wx^2}{2} + \frac{3wLx}{8}$$
$$= \frac{wL^2}{8}\{-4(\frac{x}{L})^2 + 3(\frac{x}{L})\} \quad \cdots\cdots ①$$

式①で $x=0$ は $M=0$、同様に $x=L$ では

$M = -\frac{wL^2}{8}$ となります。

ここで、
モーメント M・たわみ角 θ・たわみ δ は次の関係があるとされます。

$$\theta = -\int \frac{M}{EI} dx$$

$$\delta = -\iint \frac{M}{EI} dx \ dx$$

この関係から式②式と式③を得ます。

$$\theta = \frac{wL^3}{48EI}\{8(\frac{x}{L})^3 - 9(\frac{x}{L})^2 + 1\} \quad \cdots\cdots ②$$

$$\delta = \frac{wL^4}{48EI}\{2(\frac{x}{L})^4 - 3(\frac{x}{L})^3 + \frac{x}{L}\} \quad \cdots\cdots ③$$

式②＝0 のときに δ が最大となり、そのときの x が最大たわみの位置で、$x=0.4215L$ となります。これを式③に代入すると次式を得ます。

$$\delta = \frac{wL^4}{185EI}$$

外壁下地 ❷

外壁ユニットのファスナー

外壁ユニットのファスナーは
どう"もつ"でしょうか？

▶ 概要

前節の外壁ユニットは、ファスナーと呼ばれる取り付け金物で主構造に取り付けます。ファスナーは、壁ユニットの重さ、風圧力、地震荷重に耐えねばなりません。

▶ 計算のポイント

外壁には、地震の揺れなどにより、その面に対して鉛直方向、面内方向、面外方向の3方向の力が働きます（図1）。ファスナーには、これらの力に耐え、外壁ユニットをその場に留める性能が要求されます。

地震荷重は自重×水平震度（k）で算出します。ここでは$k=1.0$です。これに従い、水平および鉛直方向の地震荷重＝自重×1.0とします。

許容応力度は短期より長期のほうが小さいことから、鉛直方向の計算では、ファスナーに不利な条件となる長期荷重（自重＝固定荷重）を採用します。

外壁ユニット下地

外壁ユニットに働く力と方向

方向と働く力の種類
鉛直方向 → 壁自重・地震荷重
面内方向 → 地震荷重
面外方向 → 風圧力・地震荷重

図1

面内方向の力には三つのファスナーが等分に抵抗しますが、面外方向では中央のファスナーが両端に比べ大きく負担します。また、ファスナー断面は面外方向のほうが曲げに弱く、さらに、一般的に地震荷重よりも風圧力のほうが大きいなどの条件から、水平方向の計算では最も危険な面外方向に働く風圧力を採用します。以上のことから、以下の二つの項目を計算します。

1 ファスナーは外壁ユニットの重さで壊れないか？
2 ファスナーは風で壊れないか？

水平震度kは、地震時に固定荷重が水平荷重になるときの係数。$k=1.0$とは、固定荷重がそのまま水平荷重になること。これらは建築基準法施行令に定められています。

▶ 条件の整理

指定風圧力と使用鋼材は、p.52と同じです。

$\begin{cases} 地震荷重 & 水平震度\quad k=1.0 \\ ファスナー（片刃カット） & St\ L\text{-}200\times90\times15\text{mm} \\ & （図2） \end{cases}$

・**壁ユニットとアルミサッシ＋ガラスの重量**（図3）

　　壁ユニット自重合計 = 410.2kg

　　アルミサッシ + ガラス = 538kg

・kgをNに変換する（計算をわかりやすくするために端数を繰り上げる）

　　壁ユニット：410.2kg × 9.80665 = 4,023N
　　　　　　　→ 4,050Nとします。

　　サッシ　：538kg × 9.80665 = 5,276N
　　　　　　　→ 5,300Nとします。

・単位面積当たりの荷重に変換する

　　壁ユニット：4,050N ÷ (4.8m × 2.0m) = 422N/m²

　　サッシ　：5,300N ÷ (4.8m × 2.0m) = 552N/m²

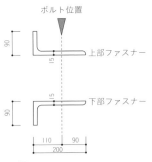

図2
鉛直荷重によるファスナーの曲げを計算する際は、固定荷重（自重）を用いた長期の計算を行います。それは、長期のほうが許容応力度が小さく、部材にとって不利となるためです。

1 ファスナーは外壁ユニットの重さで壊れないか？

▶ STEP 1　力学の計算

[鉛直荷重によるファスナーの曲げを計算する]

　　地震荷重 = 自重 × 1.0

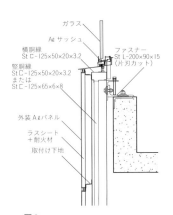

図3

[ファスナー一つ当たりが負担する荷重を求める]

ファスナーが負担する範囲は図4のアミガケの部分です。

$$P = (422\text{N/m}^2 \times 2.4\text{m} \times 1.0\text{m}) + (552\text{N/m}^2 \times 2.4\text{m} \times 1.0\text{m}) = 2{,}338\text{N}$$

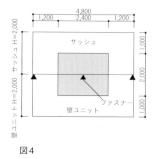

図4

[曲げモーメントを求める]

ボルト位置で固定された片持ち梁としますので、上下いずれのファスナーも同じ値となります（図5）。計算をわかりやすくするために端数を切り上げ、2,338N→2,340N とします。

$$M = P \times L = 2{,}340\text{N} \times 11\text{cm} = 25{,}740\text{Ncm}$$

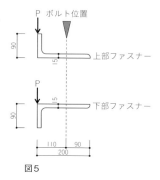

図5

[せん断力を求める]

$$Q = P = 2{,}340\text{N}$$

▶ **STEP 2　比較**

[曲げモーメントの比較]

許容曲げ応力度 fb（長期）が曲げ応力度 σ を上回れば"もつ"ことになります。
図6より、

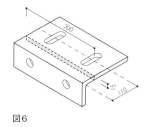

図6

$$\text{断面係数}\quad Z = \frac{bh^2}{6} = \frac{30\text{cm} \times (1.5\text{cm})^2}{6} = 11.25\text{cm}^3$$

$$\sigma = \frac{M}{Z} = \frac{25{,}740\text{Ncm}}{11.25\text{cm}^3} = 2{,}288\text{N/cm}^2$$

$$2{,}288\text{N/cm}^2 < 15{,}600\text{N/cm}^2$$

[せん断力の比較]

許容せん断応力度 fs（短期）がせん断応力度 τ を上回れば"もつ"ことになります。

ファスナー材の断面積　$A = 30\text{cm} \times 1.5\text{cm} = 45\text{cm}^2$

$\tau = \dfrac{Q}{A} = \dfrac{2{,}340\text{N}}{45\text{cm}^2} = 52\text{N/cm}^2$

$52\text{N/cm}^2 < 13{,}600\text{N/cm}^2$

▶ STEP 3　判定

[曲げモーメント]

$\dfrac{2{,}288\text{N/cm}^2}{15{,}600\text{N/cm}^2} = 0.15 < 1.0$

1.0を下回るので"もつ"と判定します。

[せん断力]

$\dfrac{52}{13{,}600} = 0.004 < 1.0$

1.0を大きく下回るので"もつ"と判定します。

曲げモーメント、せん断力をクリアするのでこの材は"もつ"と判定します。

2 ｜ ファスナーは風で壊れないか？

▶ STEP 1　力学の計算

[ファスナーに働く風圧力を求める]

指定風圧力2,700N/m²、風圧力が働くファスナーの負担面積は2.4m×2.0mなので、

$P = 2{,}700\text{N/m}^2 \times (2.4\text{m} \times 2.0\text{m}) = 12{,}960\text{N}$

[曲げモーメントを求める]（図7）

$M = P \times L = 12{,}960\text{N} \times 11\text{cm} = 142{,}560\text{Ncm}$

[せん断力を求める]

$Q = P = 12{,}960\text{N}$

力の読み替え
風が外壁を押すとファスナーを曲げる働きとなります。これを風圧力が鉛直方向に働く力と読み替えて、モーメントを求めます。

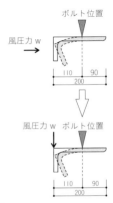

図7

▶ STEP 2　比較

［曲げモーメントの比較］

　風圧力は短期荷重より、許容曲げ応力度 fb（短期）が曲げ応力度 $σ$ を上回れば"もつ"ことになります。

$$Z = \frac{bh^2}{6} = \frac{30\text{cm} \times (1.5\text{cm})^2}{6} = 11.25\text{cm}^3$$

$$σ = \frac{M}{Z} = \frac{142,560\text{Ncm}}{11.25\text{cm}^3} = 12,672\text{N/cm}^2$$

$12,672\text{N/cm}^2 < 23,500\text{N/cm}^2$

［せん断力の比較］

　許容せん断応力度 fs（短期）がせん断応力度 $τ$ を上回れば"もつ"ことになります。

　ファスナー材の断面積　$A = 30\text{cm} \times 1.5\text{cm} = 45\text{cm}^2$

$$τ = \frac{Q}{A} = \frac{12,960\text{N}}{45\text{cm}^2} = 288\text{N/cm}^2$$

$288\text{N/cm}^2 < 13,600\text{N/cm}^2$

▶ STEP 3　判定

［曲げモーメント］

$$\frac{12,672\text{N/cm}^2}{23,500\text{N/cm}^2} = 0.54 < 1.0$$

1.0を下回るので"もつ"と判定します。

［せん断力］

$$\frac{288\text{N/cm}^2}{13,600\text{N/cm}^2} = 0.02 < 1.0$$

1.0を大きく下回るので"もつ"と判定します。

　曲げモーメント、せん断力をクリアするのでこの材は"もつ"と判定します。

ガセットプレート、接合ボルト

接合ボルトで取り付けた片持ち梁の庇

庇を取り付けます。
この庇は
どう"もつ"でしょうか?

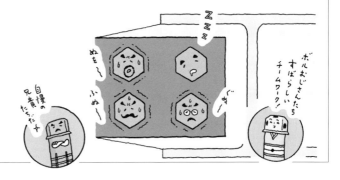

▶ 概要

庇を取り付けます。梁芯から先端まで1,122.5mm、幅2,500mmの庇です。大梁からのガセットプレート(以下G.P.)に片持ち材が普通ボルトで接合されます(図1)。

片持ち梁の庇

片持ち梁の根元は構造上、「剛」です。剛接合は通常、高力ボルトか工場溶接で実現しますが、ここでは諸々の都合で普通ボルトを採用します。よって、梁の根元は普通ボルトのせん断力によって"もつ"かを検討します。

▶ 計算のポイント

庇に働く荷重には、自重、積雪、風圧などがあります。風圧には、吹上げと吹下ろしがありますが、ここでは庇への影響の大きい吹下ろしを採用します。積雪は、指定地域外なので除外。地震時の横力も、庇の形状を保つためのブレースを配しているので除外します。

ここでは、自重と風圧の吹下ろしに対する計算をし、最も大きな面積を負担する中央の梁を計算します（図1平面図アミガケ部分）。

梁に働く荷重によって接合部は回転しますので、梁とG.Pとの間にせん断力が働きます。これに抵抗するのは普通ボルト4本です。これらを考慮して、以下の三つを計算します。

1 ｜ 片持ち材のたわみはどうか？
2 ｜ G.Pは破断しないか？
3 ｜ 接合部の普通ボルトは切断されないか？

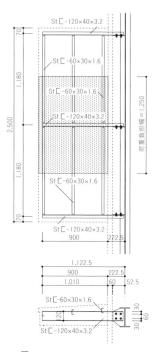

図1

▶ 条件の整理

指定風圧力　　　$W = 1,500 \text{N/m}^2$
風圧力 Wa（荷重負担幅 = 1.25m）
　　　　$Wa = 1,500 \text{N/m}^2 \times 1.25\text{m}$
　　　　　　$= 1,875 \text{N/m} = 18.75 \text{N/cm}$
庇の自重 Wb（荷重負担幅 = 1.25m）
　　　　$Wb = 5 \text{N/cm}$
使用鋼材SS400の性能
　ヤング係数　　　$E = 20,500,000 \text{N/cm}^2$
　許容曲げ応力度　$fb = 15,600 \text{N/cm}^2$（長期）
　　　　　　　　　$fb = 23,500 \text{N/cm}^2$（短期）
　許容せん断応力度　$fs = 9,000 \text{N/cm}^2$（長期）
　　　　　　　　　$fs = 13,600 \text{N/cm}^2$（短期）
片持ち材 St⊏ − 120 × 40 × 3.2 の性能
　断面積　$A = 6.063 \text{cm}^2$
　断面2次モーメント　$I = 122.0 \text{cm}^4$
　断面係数　$Z = 20.3 \text{cm}^3$
ボルト　普通ボルトM12強度区分4.8
　許容せん断応力度
　　$fbs = \dfrac{160}{\sqrt{3}} \text{N/mm}^2 \times 1.5 \times 100 \times 0.843\text{cm}^2$
　　　　$= 11,681\text{N}$（短期）

指定風圧力は設計図書により定められた風圧力を採用します。

庇の自重は鉄骨＋下地材＋仕上材です。

許容せん断応力度は $fs = \dfrac{fb}{\sqrt{3}}$

普通ボルトM12の強度区分は、『鋼構造設計規準−許容応力度設計法−』によります。p.44を参照してください。

鋼構造設計規準によるボルト強度区分4.8の長期許容せん断応力度 $fbs = \dfrac{160}{\sqrt{3}}$ N/mm^2
短期＝長期×1.5
100をかけてmm^{2}をcm^{2}に
M12ボルトの有効断面積0.843cm^2

接合ボルトに働くせん断力は1面せん断。

1 │ 片持ち材のたわみはどうか？

▶ STEP 1　力学の計算

[曲げモーメントを求める]（図2）

曲げモーメントは庇の根元でMa（風圧力によるモーメント）+Mb（自重によるモーメント）=最大となります。

MaとMbは、それぞれ下の公式から求めます。

$$Ma = Wa \times a \left(L - \frac{a}{2}\right)$$

$$= 18.75\text{N/cm} \times 90\text{cm} \left(112.25\text{cm} - \frac{90\text{cm}}{2}\right)$$

$$= 113{,}484.38\text{Ncm}$$

$$Mb = \frac{wb \times L^2}{2} = \frac{5\text{N/cm} \times (112.25\text{cm})^2}{2}$$

$$= 31{,}500.16\text{Ncm}$$

$$M = Ma + Mb = 113{,}484.38\text{Ncm} + 31{,}500.16\text{Ncm}$$

$$= 144{,}984.54\text{Ncm}$$

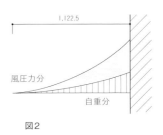

図2

[先端のたわみを求める]

Waによる庇先端のたわみδaは下の公式から求めます（図3）。

$$\delta a = \frac{WaL^4}{24EI}\left(3 - 4\frac{b^3}{L^3} + \frac{b^4}{L^4}\right)$$

$$= \frac{18.75\text{N/cm} \times (112.25\text{cm})^4}{24 \times 20{,}500{,}000\text{N/cm}^2 \times 122\text{cm}^4}$$

$$\times \left\{3 - 4 \times \frac{(22.25\text{cm})^3}{(112.25\text{cm})^3} + \frac{(22.25\text{cm})^4}{(112.25\text{cm})^4}\right\}$$

$$= 0.15\text{cm}$$

Wbによる先端のたわみδbは下の公式から求めます（図3）。

$$\delta b = \frac{WbL^4}{8EI} = \frac{5\text{N/cm} \times (112.25\text{cm})^4}{8 \times 20{,}500{,}000\text{N/cm}^2 \times 122\text{cm}^4}$$

$$= 0.04\text{cm}$$

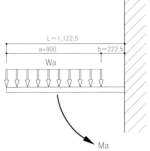

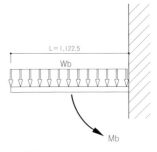

図3

梁の計算では通常、せん断力も検討しますが、たいてい余裕をもってクリアするので、ここでは割愛します。具体的な計算方法はp.30を参照してください。

$$\delta = \delta a + \delta b = 0.19 \text{cm}$$

庇先端の最大たわみは1.9mmとなります。

▶ STEP 2　比較

[曲げモーメント]

　許容曲げ応力度 fb（短期）が曲げ応力度 σ を上回れば"もつ"といえます。

$$\sigma = \frac{M}{Z} = \frac{144{,}984.54 \text{Ncm}}{20.3 \text{cm}^3} = 7{,}142.1 \text{N/cm}^2$$

$$7{,}142.1 \text{N/cm}^2 < 23{,}500 \text{N/cm}^2$$

[たわみ]

　$\dfrac{\delta}{L}$ が $\dfrac{1}{250}$ を下回れば"もつ"といえます。

$$\frac{\delta}{L} = \frac{0.19 \text{cm}}{112.25 \text{cm}} = \frac{1}{590} < \frac{1}{250}$$

たわみの基準はp.31を参照してください。

▶ STEP 3　判定

[曲げモーメント]

$$\frac{7{,}142.1 \text{N/cm}^2}{23{,}500 \text{N/cm}^2} = 0.3 < 1.0$$

1.0を下回るので"もつ"と判定します。

[たわみ]

　$\dfrac{1}{250}$ を下回り、たわみ量も2mm程度と小さいので"もつ"と判定します。

　曲げモーメント、たわみをクリアするのでこの片持ち材は"もつ"と判定します。

2 | G.PLは破断しないか?

▶ STEP 1 力学の計算

接合部に働くせん断力は、ボルトとともにG.PLと梁の断面で受けます。

ここではG.PLについて計算します(図4)。

[せん断力を求める]

Pa (風圧力) $= 18.75\text{N/cm} \times 90\text{cm} = 1,687.5\text{N}$
$= 1,690\text{N}$

Pb (自重・短期) $= 5\text{N/cm} \times 112.25\text{cm} \times 1.5$
$= 841.88\text{N} = 842\text{N}$

$Q = Pa + Pb = 1,690\text{N} + 842\text{N} = 2,532\text{N}$

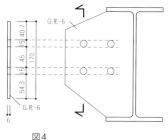

図4

▶ STEP 2 比較

許容せん断応力度 fs (短期) がせん断応力度 τ を上回れば"もつ"ことになります。

$\tau = \dfrac{Q}{A} = \dfrac{2,532\text{N}}{8.4\text{cm}^2} = 301.43\text{N/cm}^2$

$301.43\text{N/cm}^2 < 13,600\text{N/cm}^2$

▶ STEP 3 判定

$\dfrac{301.43\text{N/cm}^2}{13,600\text{N/cm}^2} = 0.02 < 1.0$

1.0を大きく下回るのでG.PLは"もつ"と判定します。

取付けG.PL-6.0の有効断面積
断面積 $A = 0.6\text{cm} \times (4.07\text{cm} + 4.5\text{cm} + 5.43\text{cm}) = 8.4\text{cm}^2$

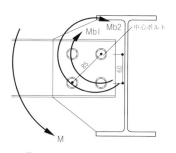

図5

M が中心ボルトに働き、他の3本のボルトに逆向きのモーメント $Mb1$・$Mb2$ が働いて梁が回転するのを防ぎます。ここで、$Mb1$ と $Mb2$ の最大値は次の式となります。

$Mb1 = fbs \times 6\text{cm}$ (中心ボルトからの距離)
$Mb2 = fbs \times 8.5\text{cm}$ (中心ボルトからの距離)

fbs = ボルトの許容せん断応力度
= 11,681N (1面せん断・短期)

この関係は、4本のボルトのうちの1本が中心となっても同じです。

3 | 接合部の普通ボルトは切断されないか?

▶ STEP 1 力学の計算

[曲げモーメントを求める] (図5)

M (片持ち材に働くモーメント) $= 144,984.54\text{Ncm}$

$Mb1$ (fbs により M に対する逆向きの許容モーメン

ト）= 11,681N × 6cm × ボルト 2 本分

　　= 140,172Ncm

$Mb2$（fbsによりMに対する逆向きの許容モーメント）= 11,681N × 8.5cm = 99,288.5Ncm

$Mb1 + Mb2$ = 140,172Ncm + 99,288.5Ncm

　　　　　= 239,460.5Ncm

[鉛直荷重を求める]

$P = Pa + Pb$ = 1,690N + 842N = 2,532N

Pが鉛直にボルトに働き、せん断力となる。

$P = Q$ = 2,532N（短期）

▶ STEP 2　比較

[曲げモーメント]

　荷重により梁根元に働くモーメントMに対して、3本のボルトが抗するモーメント（$Mb1 + Mb2$）が上回れば、普通ボルトは"もつ"といえます。

$M < Mb1 + Mb2$

144,984.54Ncm ＜ 140,172Ncm + 99,288.5Ncm

　　　　　　= 239,460.5Ncm

[鉛直荷重によるせん断力]

　荷重によるせん断力に対してボルト 4 本の許容せん断応力が上回れば、普通ボルトは"もつ"といえます。

$Q < fbs × 4$

2,532N ＜ 11,681N × 4 = 46,724N

▶ **STEP 3　判定**

［曲げモーメント］

$$\frac{144,984.54\text{Ncm}}{239,460.5\text{Ncm}} = 0.61 < 1.0$$

1.0を下回るので"もつ"と判定します。

［せん断力］

$$\frac{2,532\text{N}}{46,724\text{N}} = 0.05 < 1.0$$

1.0を大きく下回るので"もつ"と判定します。

曲げモーメント、せん断力ともにクリアするので、接合部の普通ボルトは"もつ"と判定します。

ブラケット、接合ボルト

接合ボルトで取り付けた
軒先のブラケット

軒先に見切と雨樋を
取り付けます。
これらを受けるブラケットは
どう"もつ"でしょうか？

▶ **概要**

軒先をシャープに見せるため、H形鋼の外にアルミ型材の化粧見切を持ち出します。この見切と雨樋を受けるブラケットを計算します（図1）。なお、地震時の水平力は構造材が負担すると判断されたので、雪と雨の荷重についてのみ検討します。

軒先端の白いL形断面は、特注のアルミ型材で、できるだけ軒先を薄く見せるための見切です。この見切と雨樋を受けるブラケットを計算します。

▶ **計算のポイント**

100mを超える長さの大屋根の軒です。幅が250mmという比較的大きな軒樋が付き、積雪と雨水に加えて、アルミ型材を含む自重を荷重と考えます。ブラケットは普通ボルトで接合します。これらを支えるブラケット材の取付け部に注目して以下の二つを計算します。

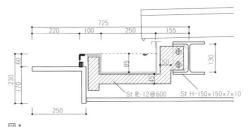

図1
ブラケットはSt PL-12を切抜き加工しています（斜線部）。

1 │ ブラケットの接合部は破断しないか？

2 │ 接合部の普通ボルトは破断しないか?

▶ 条件の整理

使用鋼材SS400の性能、ボルトの性能は「接合ボルトで取り付けた片持ち梁の庇」(p.61) と同じです。

$\begin{cases} \text{ブラケット StL-12 @600} \\ \quad \text{断面積} \quad A = 1.2\text{cm} \times 4.5\text{cm} = 5.4\text{cm}^2 \\ \quad \text{断面2次モーメント} \quad Ix = 9.112\text{cm}^4 \\ \quad \text{断面係数} \quad Zx = 4.05\text{cm}^3 \\ \text{ブラケット1カ所に働く荷重} \\ \quad \text{ブラケットは@600で取り付けられることから、} \\ \quad \text{荷重負担幅を60cmとする。} \end{cases}$

断面2次モーメント$=\dfrac{bh^3}{12}$
断面係数$=\dfrac{bh^2}{6}$

・**積雪 $P1$**

雨樋の内側から軒先までの57cmの範囲の積雪(積雪量30cm)をブラケット下地が支えると考えます(図2)。

$$\begin{aligned}\text{積雪}P1 &= (0.57\text{m} \times 0.6\text{m} \times 20\text{N/m}^2) \times 30\text{cm} \\ &= 205.2\text{N}\end{aligned}$$

・**雨水 $P2$**

樋幅25cm、深さ8.5cm(図1、2)

$$\begin{aligned}\text{雨水}P2 &= (0.25\text{m} \times 0.6\text{m} \times 100\text{N/m}^2) \times 8.5\text{cm} \\ &= 127.5\text{N}\end{aligned}$$

・**自重 $P3$**

梁芯から軒先までの72.5cmの範囲(図2)のアルミ型材+樋+下地材の単位荷重を200N/m²とします。

$$\text{自重}P3 = 0.725\text{m} \times 0.6\text{m} \times 200\text{N/m}^2 = 87\text{N}$$

図3は$P1$・$P2$・$P3$の各負担範囲(図2)の中点を示しています。この点を重心として、三つの集中荷重が片持ち梁に働くと考え計算します。

ところで、積雪($P1$)と降雨($P2$)は同時に起きません。このケースでは、積雪の荷重($P1$)および長さ(b)のほうがともに雨水より大きく、ブラケッ

図2 各荷重の負担範囲

この地域の積雪量は、特定行政庁による指定で積雪30cmで、国土交通省告示第1455号(平成12年)に定められています。さらに、積雪の単位荷重は建築基準法施行令第86条に定められており、積雪量1cm当たり20N/m²です。

トに対する影響が大きいといえます。これにより、積雪（$P1$）と自重（$P3$）を荷重として採用します。

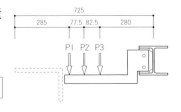

1 ｜ ブラケットの接合部は破断しないか？

▶ STEP 1　力学の計算

ブラケット St PL-12 の有効断面積を求めます（図4）。

断面積　$A = 1.2\text{cm} \times (2.25\text{cm} + 4.5\text{cm} + 2.25\text{cm})$
　　　　　$= 10.8\text{cm}^2$

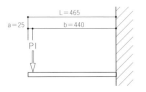

[せん断力を求める]

$Q = P1 + P3 = 205.2\text{N} + 87\text{N} = 292.2\text{N}$

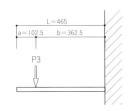

▶ STEP 2　比較

図3

許容せん断応力度 fs（短期）がせん断応力度 τ を上回れば"もつ"ことになります。

$\tau = \dfrac{Q}{A} = \dfrac{292.2\text{N}}{10.8\text{cm}^2} = 27.06\text{N/cm}^2$

$27.06\text{N/cm}^2 < 13{,}600\text{N/cm}^2$

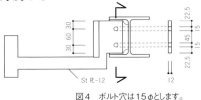

図4　ボルト穴は15φとします。

▶ STEP 3　判定

$\dfrac{27.06\text{N/cm}^2}{13{,}600\text{N/cm}^2} = 0.002 < 1.0$

1.0を大きく下回るのでブラケットは"もつ"と判定します。

2 ｜ 接合部の普通ボルトは破断しないか?

▶ STEP 1　力学の計算

[曲げモーメントを求める]

$M = P1 \times b + P3 \times b$
　$= 205.2\text{N} \times 44\text{cm} + 87\text{N} \times 36.25\text{cm}$
　$= 12{,}182.55\text{Ncm}$

[鉛直荷重を求める]

$P = P1 + P3 = 205.2\text{N} + 87\text{N} = 292.2\text{N}$
Pが鉛直にボルトに働き、せん断力となります。
$P = Q = 292.2\text{N}$（短期）

▶ STEP 2　比較

[曲げモーメント]

ボルトによるMb（図5）がブラケット根元に働くモーメントMを上回れば、普通ボルトは"もつ"といえます。

$M < Mb$
$Mb = 11{,}681\text{N} \times 6\text{cm} = 70{,}086\text{Ncm}$
$12{,}182.55\text{Ncm} < 70{,}086\text{Ncm}$

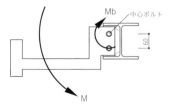

図5
考え方は「接合ボルトで取り付けた片持ち梁の庇」の庇の接合ボルト（p.65）と同じです。

[鉛直荷重によるせん断力]

荷重によるせん断力Qに対し、ボルト2本の許容せん断力（$fbs \times 2$本分）が上回れば、"もつ"といえます。

$Q < fbs \times 2 = 11{,}681\text{N} \times 2 = 23{,}362\text{N}$
$292.2\text{N} < 23{,}362\text{N}$

fbs＝ボルトの許容せん断応力度
　　＝11,681N（1面せん断・短期）

▶ STEP 3　判定

[曲げモーメント]

$$\frac{12{,}182.55\mathrm{Ncm}}{70{,}086\mathrm{Ncm}} = 0.17 < 1.0$$

1.0を下回るので"もつ"と判定します。

[せん断力]

$$\frac{292.2\mathrm{N}}{23{,}362\mathrm{N}} = 0.01 < 1.0$$

1.0を大きく下回るので"もつ"と判定します。

曲げモーメントおよびせん断力ともにクリアするので、接合部の普通ボルトは"もつ"と判定します。

M12普通ボルトによるMbの最大値は次の式となります。この関係は、どのボルトが中心となっても同じです。

$Mb = fbs \times 6\mathrm{cm}$（中心ボルトからの距離）
　　$= 11{,}681\mathrm{N}$（1面せん断・短期）
　　　$\times 6\mathrm{cm}$

床補強材

床開口部の蓋受け材

床開口部の蓋を補強します。
蓋の補強材は
どう"もつ"でしょうか？

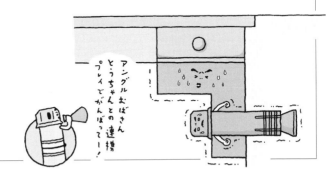

▶ 概要

オフィスビルの1階機械室です。地階に通じる床スラブに1,800mm×1,800mmの設備機器メンテナンス用の大型開口があります（図1）。

これを図中に示した3分割の蓋で塞ぎます。この長手方向がもたないので、開口の中央に蓋を支える角パイプを差し渡します。それを受ける受け材を壁にアンカーしています（図2）。ここでは、この受け材が"もつ"かを考えます。

▶ 計算のポイント

床の荷重は、差し渡す角パイプの両端で集中荷重となり受け材に伝わります。この荷重は、受け材の水平刃を曲げる力となります。一方、同じ力は壁面に接した垂直刃を、アンカーボルトを支点に曲げる働きとなります。以上を考慮して計算項目は以下の二つとします。

設備機器メンテナンス用開口部

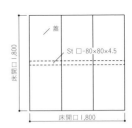

図1

1 | 受け材の水平刃は壊れないか？
2 | 受け材の垂直刃は壊れないか？

▶ 条件の整理

差渡し材　St □-80×80×4.5
　断面積　　　　　　$A = 13.07 \text{cm}^2$
　断面2次モーメント　$I = 122 \text{cm}^4$
　断面係数　　　　　$Z = 30.4 \text{cm}^3$
受け材　St L-75×75×9
　断面積　　　　　　$A = 12.69 \text{cm}^2$
　断面2次モーメント　$I = 64.4 \text{cm}^4$
　断面係数　　　　　$Z = 12.1 \text{cm}^3$
使用鋼材SS400の性能
　ヤング係数　　　　$E = 20{,}500{,}000 \text{N/cm}^2$
　許容曲げ応力度　$fb = 15{,}600 \text{N/cm}^2$（長期）
　　　　　　　　　$fb = 23{,}500 \text{N/cm}^2$（短期）
　許容せん断応力度　$fs = 9{,}000 \text{N/cm}^2$（長期）
　　　　　　　　　　$fs = 13{,}600 \text{N/cm}^2$（短期）
　ここまでは使用鋼材により定められた数値です。
設計指定荷重　$3{,}500 \text{N/m}^2 = 0.35 \text{N/cm}^2$

図2

許容せん断応力度は $fs = \dfrac{fb}{\sqrt{3}}$ で求めます。

設計指定荷重＝積載荷重＋固定荷重

1 | 受け材の水平刃は壊れないか？

▶ STEP 1　力学の計算

　床荷重は差渡し材が受け、両端部に均等に集中荷重として働きます。それは貫通ボルトから二つの支え材に伝わります。支え材は受け材に工場溶接されています。

　ここで、図3のようにアングル断面の点Bは入り隅$R = 8.5 \text{mm}$の終点で、厚さの分岐点です。この点がアングルの水平刃の最も弱い点と考えられます。そこでここでは、点Bを固定端とし、先端点Aに集中荷重Pが働く片持ち梁と考え計算を進めます。

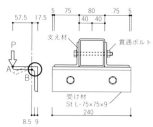

図3

[差渡し材の両端部の荷重を求める]

図4のアミガケ部分が負担面積となります。

$90\text{cm} \times 180\text{cm} = 16{,}200\text{cm}^2$

$P = 16{,}200\text{cm}^2 \times 0.35\text{N/cm}^2 \times \dfrac{1}{2} = 2{,}835\text{N}$

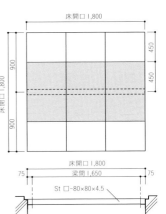

図4

[曲げモーメントを求める]

片持ち梁の最大曲げモーメントは $M = PL$ で求めます。

図3より $L = 5.75\text{cm}$ なので、

$M = P \times L = 2{,}835\text{N} \times 5.75\text{cm} = 16{,}301.25\text{Ncm}$

[せん断力を求める]

片持ち梁のせん断力は $Q = P$ です。

$Q = P = 2{,}835\text{N}$

[たわみを求める]

片持ち梁の先端のたわみは $\delta = \dfrac{PL^3}{3EI}$ で求めます。

断面2次モーメントは

$I = \dfrac{bh^3}{12} = \dfrac{24\text{cm} \times (0.9\text{cm})^3}{12} = 1.46\text{cm}^4$ より、

$\delta = \dfrac{2{,}835\text{N} \times (5.76\text{cm})^3}{3 \times 20{,}500{,}000\text{N/cm}^2 \times 1.46\text{cm}^4} = 0.01\text{cm}$

▶ STEP 2　比較

[曲げモーメント]

許容曲げ応力度 fb（長期）が曲げ応力度 σ を上回れば"もつ"ことになります。

図3の点Bの断面係数は

$Z = \dfrac{bh^2}{6} = \dfrac{24\text{cm} \times (0.9\text{cm})^2}{6} = 3.24\text{cm}^3$ より、

床荷重は常に働くと考え、許容曲げ応力度は長期を採用します。

$$\sigma = \frac{M}{Z} = \frac{16{,}301.25 \text{Ncm}}{3.24 \text{cm}^3} = 5{,}031.25 \text{N/cm}^2$$

5,031.25N/cm² ＜ 15,600N/cm²

[せん断力]

　許容せん断応力度 fs（長期）がせん断応力度 τ を上回れば"もつ"ことになります。

　図3の点Bの断面積は

$A = 24\text{cm} \times 0.9\text{cm} = 21.6\text{cm}^2$ より、

$$\tau = \frac{Q}{A} = \frac{2{,}835\text{N}}{21.6\text{cm}^2} = 131.25 \text{N/cm}^2$$

131.25N/cm² ＜ 9,000N/cm²

[たわみ]

$\dfrac{\delta}{L}$ が $\dfrac{1}{250}$ を下回れば"もつ"といえます。

$$\frac{\delta}{L} = \frac{0.01\text{cm}}{5.75\text{cm}} = \frac{1}{575} < \frac{1}{250}$$

たわみの基準を $\dfrac{1}{250}$ とする根拠は、p.31を参照してください。

▶ STEP 3　判定

[曲げモーメント]

$$\frac{5{,}031.25\text{N/cm}^2}{15{,}600\text{N/cm}^2} = 0.32 < 1.0$$

1.0を下回るので"もつ"と判定します。

[せん断力]

$$\frac{131.25\text{N/cm}^2}{9{,}000\text{N/cm}^2} = 0.01 < 1.0$$

1.0を大きく下回るので"もつ"と判定します。

[たわみ]

$\dfrac{1}{250}$ を下回り、たわみ量も1mmを下回るので"もつ"

と判定します。

2 | 受け材の垂直刃は壊れないか?

▶ **STEP 1　力学の計算**

受け材の先端点Aに働く集中荷重Pによりアンカーボルトの設置点Cに回転するモーメントMpが生じます。ここでは図5のように、垂直方向の力Pを水平方向の力$P1$に置き換えるところがポイントです。その関係は下式で表せます。

$Mp = P \times 7.5\text{cm} = P1 \times 4\text{cm}$

$P1 = P \times 7.5\text{cm} \div 4\text{cm}$
　　$= 2{,}835\text{N} \times 7.5\text{cm} \div 4\text{cm} = 5{,}315.63\text{N}$

水平方向の力$P1$によりアンカーの設置点Cに反力$P1$が生じます。点Cの力$P1$によりアングル下端に反力$P1$が生じます。このことから垂直刃は、点Cを固定端として下端に力$P1$が働く片持ち梁と考え計算します。

これを、ボルト芯の正面から見れば図6となります。ボルト芯から両側に均等に90度の扇形で力が伝わると考え、その最大幅がアングルの下端となります。ところが、アングルの先端は$R=6$で面取りされており、厚さ9mmは点Cの下29mmまでです。これにより、曲げに抵抗する有効幅を58mmとします。

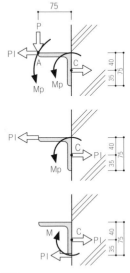

図5

[曲げモーメントを求める]

片持ち梁の最大曲げモーメントは$M = P \times L$です。図6より$L = 2.9\text{cm}$、ボルトは2本なので、

$P = 5{,}315.63\text{N} \div 2 = 2{,}657.82\text{N}$
$M = P \times L = 2{,}657.82\text{N} \times 2.9\text{cm} = 7{,}707.68\text{Ncm}$

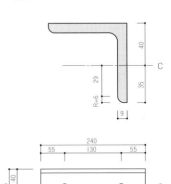

図6

▶ STEP 2 比較

[曲げモーメント]

　許容曲げ応力度 fb（長期）が曲げ応力度 σ を上回れば"もつ"ことになります。

　図6の垂直刃の有効な断面係数は

$$Z = \frac{bh^2}{6} = \frac{5.8\text{cm} \times (0.9\text{cm})^2}{6} = 0.78\text{cm}^3 \text{ より、}$$

$$\sigma = \frac{M}{Z} = \frac{7,707.68\text{Ncm}}{0.78\text{cm}^3} = 9,881.64\text{N/cm}^2$$

$9,881.64\text{N/cm}^2 < 15,600\text{N/cm}^2$

▶ STEP 3 判定

[曲げモーメント]

$$\frac{9,881.64\text{N/cm}^2}{15,600\text{N/cm}^2} = 0.63 < 1.0$$

1.0を下回るので"もつ"と判定します。

　以上の結果より、受け材の水平刃および垂直刃はともに"もつ"と判定します。

溝蓋

自動車が上を走る溝蓋

溝蓋の上を自動車が
走ります。
この蓋はどう"もつ"でしょうか?

▶ 概要

　自走式駐車場の走路を幅35cmの溝が横断しています。溝をチェッカープレートで塞いで蓋とします。その上を自動車が走ります。蓋の裏側は溝の用途の都合で補強できません。メンテナンスを考慮し、蓋1枚の幅は60cmとします。溝蓋の横ずれ防止、設置のボルト留めなどはここでは考慮せず、溝蓋の強度のみを考えます。

自走式駐車場の走路になる溝蓋

▶ 計算のポイント

　溝蓋が負担するのは、走行する自動車の荷重です。走行する自動車は、床に与える荷重が一定ではありません。このような荷重を活荷重と呼びます。日本の道路・橋梁などの活荷重は国土交通省が定める『道路橋示方書』に示されています。グレーチングなど既製品の溝蓋はたいていこれを採用しています。

　それによれば、活荷重にはT荷重とL荷重がありま

す。T荷重は総重量25tのトラックを想定し、前輪・後輪に働く重量と接地寸法を示しています。その最も小さい種別にT-2があり、車重量20,000Nとしています。これは普通乗用車に近い数値なので、この項目を採用して荷重を決めます。

T-2の車輪の負担荷重は、前輪1に対し後輪4の案分とし、後輪1輪の荷重は8,000Nとしています。ここでは負担荷重の大きい後輪の荷重を採用します。

車は図1の左から右へ走行し、幅35cmの溝を乗り越えます。平面に示した接地面寸法は同基準によります。

ここでは、溝蓋のチェッカープレートを梁として考え、タイヤ接地面に等分布荷重が働く単純梁とします。以上を考慮して計算項目は以下とします。

溝蓋のチェッカープレートのずれはどうか？

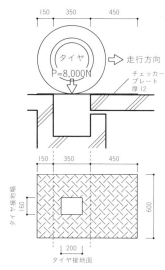

図1

▶ 条件の整理

チェッカープレート　厚さ1.2cm×タイヤ接地幅16cm

断面積　　　　　　$A = 1.2\text{cm} \times 16\text{cm} = 19.2\text{cm}^2$

断面2次モーメント　$I = 2.304\text{cm}^4$

断面係数　　　　　$Z = 3.84\text{cm}^3$

支点間距離　　　　$L = 35\text{cm}$

使用鋼材SS400の性能

ヤング係数　　　　$E = 20,500,000\text{N/cm}^2$

許容曲げ応力度　　$fb = 15,600\text{N/cm}^2$（長期）

　　　　　　　　　$fb = 23,500\text{N/cm}^2$（短期）

許容せん断応力度　$fs = 9,000\text{N/cm}^2$（長期）

　　　　　　　　　$fs = 13,600\text{N/cm}^2$（短期）

ここまでは使用鋼材により定められた数値です。

・蓋に働く荷重

タイヤ接地面積16cm×20cm当たり8,000Nより、この値をタイヤ接地長さで割って単位長さの荷重w

チェッカープレートの幅はタイヤ接地面に合わせて16cmとして考えます（図1）。

梁幅を小さくすると断面性能が小さくなるので計算は安全側で部材サイズは大きめに算出されます。

断面2次モーメントは$I = \dfrac{bh^3}{12}$、

断面係数は$Z = \dfrac{bh^2}{6}$

で求めます。

許容せん断応力度は$fs = \dfrac{fb}{\sqrt{3}}$で求めます。

を求めます。

$w = 8,000\text{N} \div 20\text{cm} = 400\text{N/cm}$

> 溝蓋のチェッカープレートのずれはどうか？

▶ STEP 1　力学の計算

[曲げモーメントを求める]

単純梁の中間部に等分布荷重が働くと考えます（図2）。

最大モーメントは下の公式で求めます。

$M = \dfrac{w(L^2 - 4a^2)}{8}$

タイヤの接地面の接地長さは20cmなので、

$a = (35\text{cm} - 20\text{cm}) \div 2 = 7.5\text{cm}$

$L = 35\text{cm}$ より、

$M = \dfrac{400\text{N/cm}\{(35\text{cm})^2 - 4 \times (7.5\text{cm})^2\}}{8} = 50,000\text{Ncm}$

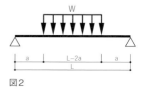

図2

[せん断力を求める]

図3はせん断力図です。最大せん断力は下の公式で求めます。

$Q = \dfrac{w(L - 2a)}{2}$

$= \dfrac{400\text{N/cm}(35\text{cm} - 2 \times 7.5\text{cm})}{2} = 4,000\text{N}$

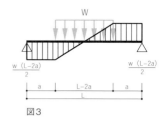

図3

[たわみを求める]

最大たわみは下の公式で求めます。

$\delta = \dfrac{wL^4}{384EI}(8x - 4x^2 + x^4)$

$a = (35\text{cm} - 20\text{cm}) \div 2 = 7.5\text{cm}$

$$x = 1 - \frac{2a}{L} = 1 - \frac{2 \times 7.5\text{cm}}{35\text{cm}} = 0.57 \text{ より、}$$

$$\delta = \frac{400\text{N/cm} \times (35\text{cm})^4}{384 \times 20{,}500{,}000\text{N/cm}^2 \times 2.304\text{cm}^4}$$
$$\times (8 \times 0.57 - 4 \times 0.57^2 + 0.57^4)$$
$$= 0.11\text{cm}$$

▶ STEP 2　比較

[曲げモーメント]

　許容曲げ応力度 fb（短期）が曲げ応力度 σ を上回れば"もつ"ことになります。

$$\sigma = \frac{M}{Z} = \frac{50{,}000\text{Ncm}}{3.84\text{cm}^3} = 13{,}020.83\text{N/cm}^2$$

$$13{,}020.83\text{N/cm}^2 < 23{,}500\text{N/cm}^2$$

[せん断力]

　許容せん断応力度 fs（短期）がせん断応力度 τ を上回れば"もつ"ことになります。

蓋への荷重は走行する自動車の荷重なので、短期を採用します。

$$\tau = \frac{Q}{A} = \frac{4{,}000\text{N}}{19.2\text{cm}^2} = 208.33\text{N/cm}^2$$

$$208.33\text{N/cm}^2 < 13{,}600\text{N/cm}^2$$

[たわみ]

$$\frac{\delta}{L} \text{ が } \frac{1}{300} \text{ を下回れば"もつ"といえます。}$$

$$\frac{\delta}{L} = \frac{0.11\text{cm}}{35\text{cm}} = \frac{1}{318} < \frac{1}{300}$$

たわみの基準を $\frac{1}{300}$ とする根拠は、p.31を参照してください。

▶ STEP 3　判定

[曲げモーメント]

$$\frac{13{,}020.83\text{N/cm}^2}{23{,}500\text{N/cm}^2} = 0.55 < 1.0$$

1.0を下回るので"もつ"と判定します。

[せん断力]

$$\frac{208.33\text{N/cm}^2}{13{,}600\text{N/cm}^2} = 0.02 < 1.0$$

1.0を大きく下回るので"もつ"と判定します。

[たわみ]

$\frac{1}{300}$を下回り、たわみ量も1mm強と小さいので"もつ"と判定します。

曲げモーメント・せん断力・たわみのすべてをクリアするので、溝蓋は"もつ"と判定します。

サイン板の基礎

自立する強化ガラスの
サイン板

ガラスのサインを
立てました。
これはどう"もつ"の?

▶ 概要

芝の上に文字だけが浮き上がる演出です。強化ガラスが自立しています。これが転倒しないよう考えます。

▶ 計算のポイント

ガラスはコンクリート基礎に固定されています（図1）。ガラスを倒す力は、その面に働く風圧力です。このような場合にはガラスの強度を問題視しがちですが、風圧力による転倒にもちこたえるのは、実は基礎なのです。その関係を図2に示します。

ガラスには風圧力による等分布荷重が働きます。この力によりガラスは基礎のA点を支点に転倒します。この転倒を押しとどめるのは基礎の重心に働く基礎重量です。この関係に注目し計算項目を以下とします。

基礎は風圧力に耐えられるか?

強化ガラスのサイン板

地耐力は十分あるとします。

ガラス強度は、ガラスメーカーの指針などにより風圧力に耐えるものを選定します。

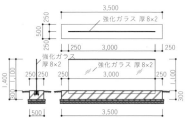

ブラケット下地は、PL-12を切抜き加工しています（斜線部）。

図1

▶ **条件の整理**

風圧力　$w = 1,000\text{N/m}^2$
　設計図書により定められた風圧力を採用します。

普通コンクリート重量 = $23,500\text{N/m}^3$
　鉄筋コンクリート構造計算規準・同解説（日本建築学会）による。

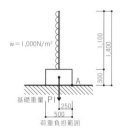

図2

基礎は風圧力に耐えられるか？

▶ **STEP 1　力学の計算**

A点に働く風圧力 P によるモーメントと基礎重量 $P1$ によるモーメントを比較します（図3）。

[風圧力による曲げモーメントを求める]

風圧力を受ける強化ガラスの面積は、3.0m × 1.1m なので、

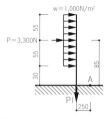

図3

ガラスに働く風圧力
$P = 1,000\text{N/m}^2 × 3.0\text{m} × 1.1\text{m} = 3,300\text{N}$
よって、風圧力による曲げモーメント
$M1 = 3,300\text{N} × 85\text{cm} = 280,500\text{Ncm}$

[基礎重量による曲げモーメントを求める]

コンクリート基礎の大きさは 0.5m × 0.3m × 3.5m なので、

基礎重量
$P1 = (0.5\text{m} × 0.3\text{m} × 3.5\text{m}) × 23,500\text{N/m}^3$
　　$= 12,337.5\text{N}$
よって、基礎重量による曲げモーメント
$M2 = 12,337.5\text{N} × 25\text{cm} = 308,437.5\text{Ncm}$

▶ **STEP 2　比較**

　ガラスに働く風圧力による曲げモーメント $M1$ より、基礎重量による曲げモーメント $M2$ が上回れば"もつ"といえます。

　280,500Ncm ＜ 308,437.5Ncm

▶ **STEP 3　判定**

　基礎重量による曲げモーメントが風圧力による曲げモーメントを上回るので、転倒しないと判定します。基礎は土中に埋め込まれ、横からの土圧も加わるので、さらに倒れにくいと考えられます。

吊り支柱

天井吊りサインの下地

サインを天井から吊る場合、
何に考慮すればいいの?

▶ 概要

ショッピングセンターの入口にある横246cm×縦60cm、地上高3mの天井吊りサインです。天井から下がった支柱に横方向に角パイプを留めて下地とし、サインはこれに取り付けます。この支柱と下地が風の揺れにより、壊れないことを計算によって確かめます。地震による揺れも考慮しましたが、ここでは風の影響のほうが大きいと判断しました。

天井吊りサイン板

支柱を固定するベースプレートとアンカーの計算は、p.19以降を参照してください。

▶ 計算のポイント

サインに風が吹き付けます。支柱と下地には、この風圧力に耐える強度が要求されます。支柱は角パイプ2本を1組とし、4組が天井スラブにアンカーされ下端は自由端です。下地の角パイプは、この支柱ごとに固定されます（図1）。以上を考慮して、計算項目は以下の二つとします。

1 ｜ 支柱は風で壊れないか?

2 | 下地パイプは風で壊れないか?

▶ 条件の整理

支柱は天井スラブを固定端とした片持ち梁で、180度回転すると手摺と同じ形状です。つまり、実際には吊られていますが、計算上は手摺と同じように考えればよいのです。支柱は2本の角パイプを横材でつないでおり、これを一体として扱います。サイン下地となる横材角パイプは、支柱間隔80cmごとに拘束されています。この材は、4点支持の単純梁として扱います（図2）。

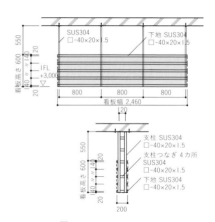

図1

指定風圧力　$1,785\text{N/m}^2 = 0.1785\text{N/cm}^2$

　設計図書により定められた風圧力を採用します。

使用鋼材　SUS304

　支柱　$\square - 40 \times 20 \times 1.5$　2本一体　@80cm

　横下地　$\square - 40 \times 20 \times 1.5$　@14cm

　断面2次モーメント　$I = 3.416\text{cm}^4$

　断面係数　$Z = 1.708\text{cm}^3$

　断面積　$A = 1.691\text{cm}^2$

　ヤング係数　$E = 19,300,000\text{N/cm}^2$

　許容曲げ応力度　$fb = 20,600\text{N/cm}^2$（短期）

　許容せん断応力度　$fs = 11,900\text{N/cm}^2$（短期）

ここまでは使用鋼材により定められた数値です。

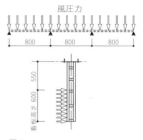

図2

SUS304の許容曲げ応力度は、JIS G 4304の「機械的性質」より引用

許容せん断応力度は $fs = \dfrac{fb}{\sqrt{3}}$ で求めます。

・支柱の断面2次モーメント

2本のパイプを組み合わせた断面を考えます。ここで、パイプと支柱の図心は一致していません（図3）。この場合、下の公式により支柱の断面2次モーメント（図4）を求めます。

$I = Ia + x^2 \times A$

　Ia：パイプの断面2次モーメント

　x：パイプの図心と支柱の図心との距離

　A：パイプの断面積

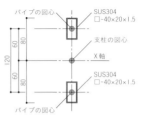

図3

式に従って、X軸に対してのIを求めます。

$$I = 2 \times \{3.416\text{cm}^4 + (6\text{cm})^2 \times 1.691\text{cm}^2\}$$
$$= 128.58\text{cm}^4$$

・支柱の断面係数

$$Z = I \div (図心から図端の距離)$$
$$= \frac{128.58\text{cm}^4}{8\text{cm}} = 16.07\text{cm}^3$$

・支柱の断面積

$$A = 1.691\text{cm}^2 \times 2 = 3.38\text{cm}^2$$

断面2次モーメント
部材断面をガラスに写し取って切り抜き、図心位置を指1本で支えて皿回しの要領で回します（図4）。回転の外側へ行くほど早く回って大きな力が働きます。
この力は、ガラスの重さ×図心からの距離で表され、モーメントと同じで距離が大きいほど大きくなります。
一方、ガラスの重さは面積に比例しますから、「微小断面積×図心からの距離」の式でモーメントが算出されます。
これを断面1次モーメントと呼びます。計算上、これにもう一度図心からの距離を乗じたものを断面2次モーメントと呼びます。

図4

1 ｜ 支柱は風で壊れないか？

▶ STEP 1　力学の計算

[支柱1本が負担する単位長さ当たりの風圧力を求める]

図5のアミガケ部分が負担面積となります。

負担面積　$60\text{cm} \times 80\text{cm} = 4,800\text{cm}^2$
指定風圧力　0.1785N/cm^2
$W = 0.1785\text{N/cm}^2 \times 4,800\text{cm}^2$
$\quad = 856.8\text{N}$（負担面積の風圧力）
$w = 856.8\text{N} \div 60\text{cm}$
$\quad = 14.28\text{N/cm}$（単位長さ当たりの風圧力）

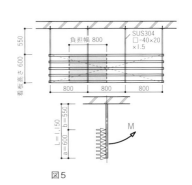

図5

[曲げモーメントを求める]

曲げモーメントMは下の公式から求めます。

$$M = w \times a\left(L - \frac{a}{2}\right)$$
$$= 14.28\text{N/cm} \times 60\text{cm} \times \left(115\text{cm} - \frac{60\text{cm}}{2}\right)$$
$$= 72,828\text{Ncm}$$

2. 建築2次部材の構造計算

[せん断力を求める]

$P = 14.28\text{N/cm} \times 60\text{cm} = 856.8\text{N}$

$Q = P = 856.8\text{N}$

[たわみを求める]

先端のたわみは下の公式から求めます（図5）。

$\sigma = \dfrac{wL^4}{24EI}(3 - 4\dfrac{b^3}{L^3} + \dfrac{b^4}{L^4})$

$\sigma = \dfrac{14.28\text{N/cm} \times (115\text{cm})^4}{24 \times 19{,}300{,}000\text{N/cm}^2 \times 128.58\text{cm}^4}$

$\quad \times \{3 - 4 \times \dfrac{(55\text{cm})^3}{(115\text{cm})^3} + \dfrac{(55\text{cm})^4}{(115\text{cm})^4}\}$

$= 0.12\text{cm}$

▶ STEP 2　比較

[曲げモーメント]

許容曲げ応力度 fb（短期）が曲げ応力度 σ を上回れば"もつ"といえます。

$\sigma = \dfrac{M}{Z} = \dfrac{72{,}828\text{Ncm}}{16.07\text{cm}^3} = 4{,}531.92\text{N/cm}^2$

$4{,}531.92\text{N/cm}^2 < 20{,}600\text{N/cm}^2$

[せん断力]

許容せん断応力度（短期）fs がせん断応力度 τ を上回れば"もつ"といえます。

$\tau = \dfrac{Q}{A} = \dfrac{856.8\text{N}}{3.38\text{cm}^2} = 253.49\text{N/cm}^2$

$253.49\text{N/cm}^2 < 11{,}900\text{N/cm}^2$

[たわみ]

$\dfrac{\delta}{L}$ が $\dfrac{1}{250}$ を下回れば"もつ"といえます。

たわみの基準を $\dfrac{1}{250}$ とする根拠は、p.31を参照してください。

$$\frac{\delta}{L} = \frac{0.12\text{cm}}{115\text{cm}} = \frac{1}{958} < \frac{1}{250}$$

▶ STEP 3　判定

[曲げモーメント]

$$\frac{4,531.92\text{N/cm}^2}{20,600\text{N/cm}^2} = 0.22 < 1.0$$

1.0を大きく下回るので"もつ"と判定します。

[せん断力]

$$\frac{253.49\text{N/cm}^2}{11,900\text{N/cm}^2} = 0.02 < 1.0$$

1.0を大きく下回るので"もつ"と判定します。

[たわみ]

$\frac{1}{250}$を下回り、たわみ量も1mm程度なので"もつ"と判定します。曲げモーメント、せん断力、たわみをクリアするので、この材は"もつ"と判定します。

2 ｜ 下地パイプは風で壊れないか？

▶ STEP 1　力学の計算

[下地材1本が負担する単位長さ当たりの風圧力を求める]

図6のアミガケ部分が負担面積となります。

負担面積　　$14\text{cm} \times 80\text{cm} = 1,120\text{cm}^2$
指定風圧力　0.1785N/cm^2
$W = 0.1785\text{N/cm}^2 \times 1,120\text{cm}^2$
　　$= 199.92\text{N}$（負担面積の風圧力）
$w = 199.92\text{N} \div 80\text{cm}$
　　$= 2.50\text{N/cm}$（単位長さ当たりの風圧力）

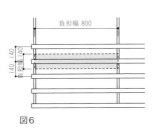

図6

[曲げモーメントを求める]

4点支持の連続梁は、単純梁のようにつり合い計算によって反力を求めることができません。そこで、つり合い計算で反力を得るよう工夫をします（図7）。

最大曲げモーメントMは図8により$\frac{wL^2}{8}$です。

$$M = \frac{wL^2}{8} = \frac{2.50\text{N/cm} \times (80\text{cm})^2}{8}$$
$$= 2{,}000\text{N/cm}^2$$

[せん断力を求める]

最大せん断力Qは図8により$\frac{9wL}{8}$です。

$$Q = \frac{9wL}{8} = \frac{9 \times 2.50\text{N/cm} \times 80\text{cm}}{8}$$
$$= 255\text{N}$$

[たわみを求める]

最大たわみの公式より$\delta = \frac{wL^4}{185EI}$を採用します。

$$\delta = \frac{2.50\text{N/cm} \times (80\text{cm})^4}{185 \times 19{,}300{,}000\text{N/cm}^2 \times 3.416\text{cm}^4} = 0.01\text{cm}$$

▶ STEP 2　比較

[曲げモーメント]

許容曲げ応力度fb（短期）が曲げ応力度σを上回れば"もつ"といえます。

$$\sigma = \frac{M}{Z} = \frac{2{,}000\text{Ncm}}{1.708\text{cm}^3} = 1{,}170.96\text{N/cm}^2$$

$1{,}170.96\text{N/cm}^2 < 20{,}600\text{N/cm}^2$

[せん断力]

許容せん断応力度fs（短期）がせん断応力度τを

4点支持の連続梁の計算法

単純梁はつり合い計算で反力を算出できますが、連続梁ではこれができません。そこで、つり合い計算で反力を算出できるよう支点間A-Bを片持ち梁だと見立て、風圧力が働く①と支点Aに反力が働く単純梁②の二つの梁の合成だと考えます。

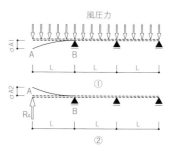

①と②を合成すれば、支点AのたわみσA1とσA2は等しくなり、下式となります。

$$-\frac{wL^4}{8EI} = \frac{R_A \times L^3}{3EI}$$

上式から支点Aの反力R_Aを求めます。

$$R_A = \frac{3wL}{8}$$

風圧力と反力はつり合うので、

$$R_B = \frac{9wL}{8}$$

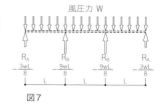

図7

上回れば"もつ"といえます。

$$\tau = \frac{Q}{A} = \frac{255\text{N}}{1.691\text{cm}^2} = 150.80\text{N/cm}^2$$

$150.80\text{N/cm}^2 < 11,900\text{N/cm}^2$

[たわみ]

$\frac{\delta}{L}$ が $\frac{1}{300}$ を下回れば"もつ"といえます。

$$\frac{\delta}{L} = \frac{0.01\text{cm}}{80\text{cm}} = \frac{1}{8,000} < \frac{1}{300}$$

▶ STEP 3　判定

[曲げモーメント]

$$\frac{1,170.96\text{N/cm}^2}{20,600\text{N/cm}^2} = 0.06 < 1.0$$

1.0を大きく下回るので"もつ"と判定します。

[せん断力]

$$\frac{150.80\text{N/cm}^2}{11,900\text{N/cm}^2} = 0.01 < 1.0$$

1.0を大きく下回るので"もつ"と判定します。

[たわみ]

$\frac{1}{300}$ を下回り、たわみ量も1mmを大きく下回るので"もつ"と判定します。曲げモーメント、せん断力、たわみをクリアするので、この材は"もつ"と判定します。

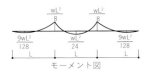
モーメント図

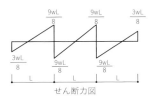
せん断力図

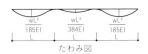
たわみ図

図8

たわみの基準を $\frac{1}{300}$ とする根拠は、p.31を参照してください。

モニュメントの柱

丸パイプ4本の合成柱

4本柱で自立する
モニュメントです。
これはどう"もつ"の？

▶ **概要**

モニュメントです。地上約5mの高さにある球体を4本の丸パイプが支えます。これが自立するかどうかを考えます。

▶ **計算のポイント**

基礎に剛接合され、先端が拘束されていない片持ちの構造です（図2）。柱は4本の丸パイプですが、これを一体の柱として考えてみます。この柱に働く荷重は、頭上の球体の重量です。荷重は、横方向と縦方向に分けて考えます。縦方向は球体の重量で、これは丸パイプの軸力となります。横方向は風と地震ですが、ここでは、頭上の球体が地震で揺れたらどうなるかを考えます。以上のことから、計算項目は以下の二つとします。

1 │ パイプ柱は球体の揺れに耐えられるか？
2 │ パイプ柱は球体の荷重で座屈しないか？

モニュメントを支える丸パイプ

▶ **条件の整理**

使用鋼材　SS400の性能
　ヤング係数　　　　　$E = 20,500,000\text{N/cm}^2$
　許容曲げ応力度　　　$fb = 15,600\text{N/cm}^2$（長期）
　　　　　　　　　　　$fb = 23,500\text{N/cm}^2$（短期）
　許容せん断応力度　　$fs = 9,000\text{N/cm}^2$（長期）
　　　　　　　　　　　$fs = 13,600\text{N/cm}^2$（短期）
　球体＋付属金物の全重量　　$Pv = 8,000\text{N}$
　柱パイプの自重＋付属金物　$Wh = 1.2\text{N/cm}$
　柱材　St-114.3$\phi \times 3.5t$
　　断面積　　　　　　$A = 12.18\text{cm}^2$
　　重量　　　　　　　$Wp = 9.56\text{kg/m}$
　　荷重（自重）　　　$W = 0.938\text{N/cm}$
　　断面2次モーメント　$I = 187\text{cm}^4$
　　断面係数　　　　　$Z = 32.7\text{cm}^3$
　　断面2次半径　　　 $i = 3.92\text{cm}$

ベースプレートとアンカーはp.22で解説していますので参照してください。

合成材の断面2次モーメントの求め方の解説はp.89を参照してください。

ここまでは使用鋼材により定められた数値です。

・**丸パイプ4本柱の断面2次モーメントを求める**

4本柱の図心とそれぞれの丸パイプの図心は一致しません（図1）。

この場合は、下記の公式を使います。

$I = Ia + x^2 \times A$

　Ia：パイプ1本の断面2次モーメント
　x：それぞれのパイプの図心と4本柱の図心との距離
　A：パイプ1本の断面積

上記の計算を4本の丸パイプそれぞれに行い、合計します。

ここまでを理解して、図1のX軸に対するIを求めます。

4本のうち、2本の図心は軸より16.5cm離れていて、ほかの2本の図心はX軸に一致しています。

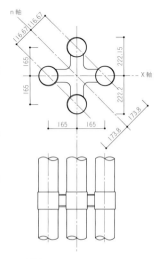

図1

2. 建築2次部材の構造計算　　95

$$Ix = \{187\text{cm}^4 + (16.5\text{cm})^2 \times 12.18\text{cm}^2\} \times 2\,カ所 +$$
$$187\text{cm}^4 \times 2\,カ所$$
$$= 7{,}380.01\text{cm}^4$$

同じくn軸でも計算します。

$$In = \{187\text{cm}^4 + (11.667\text{cm})^2 \times 12.18\text{cm}^2\} \times 4\,カ所$$
$$= 7{,}379.71\text{cm}^4$$

・**断面係数を求める**

$$Zx = I \div (図心から図端の距離) = \frac{7{,}380.01\text{cm}^4}{22.215\text{cm}}$$
$$= 332.21\text{cm}^3$$

$$Zn = \frac{7{,}379.71\text{cm}^4}{17.382\text{cm}} = 424.56\text{cm}^3$$

ここまでの計算から、Zの値が小さく計算上安全側となるX軸回りのIxおよびZxを採用します。

・**断面積を求める**

$$12.18\text{cm}^2 \times 4\,カ所 = 48.72\text{cm}^2$$

・**断面2次半径を求める**

$$i = \sqrt{\frac{I}{A}} = \sqrt{\frac{7{,}380.01\text{cm}^4}{48.72\text{cm}^2}} = 12.31\text{cm}$$

・**垂直荷重**（図3）

球体＋付属金物等の全重量　$Pv = 8{,}000\text{N}$
Pvは垂直荷重であり柱の軸力として働きます。

・**水平荷重**（図3）

地震時の水平荷重は、建築基準法施行令第82条により固定荷重＋積載荷重とされています。

柱パイプの自重＋付属金物　$Wh = 1.2\text{N/cm}$
Whは等分布荷重として柱に働きます。

これに加えて、

$Ph = Pv$が柱の先端に集中荷重として働きます。

　$Ph = 8{,}000\text{N}$

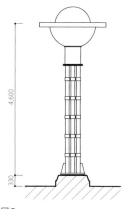

図2

・柱長さ

柱脚から球体重心まで $L = 460$ cm（図2）

1 ｜ パイプ柱は球体の揺れに耐えられるか？

▶ STEP 1　力学の計算

Ph（集中荷重）と Wh（等分布荷重）それぞれを計算し、これを重ね合わせます（図3）。

図4はモーメントを重ね合わせた図です。

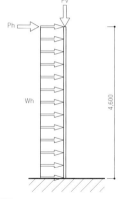

図3

[曲げモーメントを求める]

集中荷重による曲げモーメント

$Mp = Ph \times L = 8,000\text{N} \times 460\text{cm} = 3,680,000\text{Ncm}$

等分布荷重による曲げモーメント

$Mw = \dfrac{WhL^2}{2} = \dfrac{1.2\text{N/cm} \times (460\text{cm})^2}{2} = 126,960\text{Ncm}$

$M = Mp + Mw$

　　$= 3,680,000\text{Ncm} + 126,960\text{Ncm}$

　　$= 3,806,960\text{Ncm}$

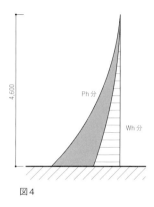

図4

[せん断力を求める]

$Qp = 8,000\text{N}$

$Qw = Wh \times L = 1.2\text{N/cm} \times 460\text{cm} = 552\text{N}$

$Q = Qp + Qw = 8,000\text{N} + 552\text{N} = 8,552\text{N}$

[たわみを求める]

先端のたわみを下式で求めます。

$$\delta p = \frac{PhL^3}{3EI}$$

$$= \frac{8{,}000\text{N} \times (460\text{cm})^3}{3 \times 20{,}500{,}000\text{N/cm}^2 \times 7{,}380.01\text{cm}^4}$$

$$= 1.72\text{cm}$$

$$\delta w = \frac{WhL^4}{8EI}$$

$$= \frac{1.2\text{N/cm} \times (460\text{cm})^4}{8 \times 20{,}500{,}000\text{N/cm}^2 \times 7{,}380.01\text{cm}^4}$$

$$= 0.044\text{cm}$$

$$\delta = \delta p + \delta w = 1.72\text{cm} + 0.044\text{cm} = 1.76\text{cm}$$

▶ STEP 2　比較

[曲げモーメント]

許容曲げ応力度 fb（短期）が曲げ応力度 σ を上回れば"もつ"といえます。

$$\sigma = \frac{M}{Z} = \frac{3{,}806.960\text{Ncm}}{332.21\text{cm}^3} = 11{,}459.50\text{N/cm}^2$$

$11{,}459.50\text{N/cm}^2 < 23{,}500\text{N/cm}^2$

[せん断力]

許容せん断応力度 fs（短期）がせん断応力度 τ を上回れば"もつ"といえます。

$$\tau = \frac{Q}{A} = \frac{8{,}552\text{N}}{48.72\text{cm}^2} = 175.53\text{N/cm}^2$$

$175.53\text{N/cm}^2 < 13{,}600\text{N/cm}^2$

[たわみ]

$\dfrac{\delta}{L}$ が $\dfrac{1}{250}$ を下回れば"もつ"といえます。

$$\frac{\delta}{L} = \frac{1.76\text{cm}}{460\text{cm}} = \frac{1}{261} < \frac{1}{250}$$

$\dfrac{1}{250}$ の根拠はp.31を参照してください。

▶ STEP 3　判定

[曲げモーメント]

$$\frac{11{,}459.50\text{N/cm}^2}{23{,}500\text{N/cm}^2} = 0.49 < 1.0$$

1.0を下回るので"もつ"と判定します。

[せん断力]

$$\frac{175.53\text{N/cm}^2}{13{,}600\text{N/cm}^2} = 0.01 < 1.0$$

1.0を大きく下回るので"もつ"と判定します。

[たわみ]

$\frac{1}{250}$ を下回るので、"もつ"と判定します。曲げモーメント、せん断力、たわみをクリアするので、この材は"もつ"と判定します。

2 ｜ パイプ柱は球体の荷重で座屈しないか？

座屈計算に関する用語はp.47に詳しく解説しています。

▶ STEP 1　力学の計算

[柱に働く圧縮応力度]

$$\sigma = \frac{N}{A} = \frac{8{,}000\text{N}}{48.72\text{cm}^3} = 164.20\text{N/cm}^2$$

[細長比]

$$\lambda = \frac{\ell \times \ell x}{i} = \frac{460\text{cm} \times 2}{12.31\text{cm}} = 74.74 < 250$$

　i：断面2次半径

　ℓ：材の長さ

　ℓx：座屈長

図5により柱のかたちである固定端＋自由端を選び、$\ell x = 2$ とします。

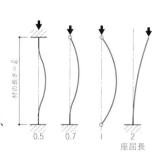

図5

[許容圧縮応力度を求める]

表1から、$\lambda = 74 \rightarrow 113\text{N/mm}^2$ となります。

許容圧縮応力度 fc(長期)$= 11{,}300\text{N/cm}^2$

許容圧縮応力度 fc(短期)$= 11{,}300\text{N/cm}^2 \times 1.5$
$= 16{,}950\text{N/cm}^2$

表1
$F = 235\text{N/mm}^2$ 鋼材の長期応力に対する許容応力度の表の一部抜粋

λ	fc (N/mm^2)
71	116
72	115
73	114
74	113
75	112
76	111
77	110
78	109
79	108
80	107

▶ **STEP 2　比較**

パイプ柱に働く圧縮応力度が許容圧縮応力度 fc(短期)を下回れば"もつ"といえます。

$164.20\text{N/cm}^2 < 16{,}950\text{N/cm}^2$

▶ **STEP 3　判定**

[曲げモーメント+圧縮応力]

$$\frac{\delta}{f} = \frac{\text{曲げ応力度}}{\text{許容曲げ応力度}} + \frac{\text{圧縮応力度}}{\text{許容圧縮応力度}}$$
$$= \frac{11{,}459.50\text{N/cm}^2}{23{,}500\text{N/cm}^2} + \frac{164.20\text{N/cm}^2}{16{,}950\text{N/cm}^2} = 0.49 + 0.01$$
$$= 0.5 < 1.0$$

1.0を下回るので"もつ"と判定します。

この判定は、座屈の安全度合いと曲げの安全度合いとを足し合わせています。

曲げと座屈は、どちらも材を曲げる作用です。そのため、二つが同時に作用しても"もつ"ことが求められます。ここでは、曲げと座屈が同時に作用しても1.0を下回るので安全だと判定しています。

化粧壁を支える持出し材

化粧壁を支える圧縮パイプ

持ち出しの支持パイプで
支えられる化粧壁です。
このパイプはどう"もつ"の?

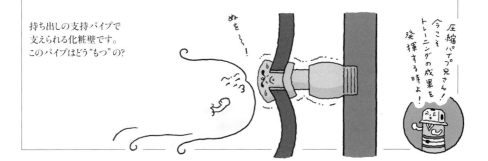

▶ 概要

外壁から水平にパイプを持ち出し、その先にアルミ切り板に穴あけ加工をしたパンチング板の薄い化粧壁を取り付けます。パイプは縦横1,200mm間隔の格子に配置します（図1）。

▶ 計算のポイント

化粧壁に風が吹き付けます。風荷重は支持パイプに軸力として働き、同時にその先端には化粧壁の自重が働き、材を曲げます。

アルミ板にはパイプ先端を拘束する強度を期待せず、パイプは構造壁から水平に突き出た、片持ち梁とみなします（図2）。以上を考慮して、計算項目は以下の二つとします。

1 ｜ 支持パイプは化粧壁の荷重に耐えるか?
2 ｜ 支持パイプは風で座屈しないか?

パンチング板の化粧壁を支えるパイプ

▶ **条件の整理**

指定風圧力　　1,550N/m² = 0.155N/cm²
　設計図書により定められた風圧力を採用します。
使用鋼材　SS400の性能
　ヤング係数　　　　$E = 20,500,000\text{N/cm}^2$
　許容曲げ応力度　　$fb = 15,600\text{N/cm}^2$（長期）
　　　　　　　　　　$fb = 23,500\text{N/cm}^2$（短期）
　許容せん断応力度　$fs = 9,000\text{N/cm}^2$（長期）
　　　　　　　　　　$fs = 13,600\text{N/cm}^2$（短期）
化粧壁材　アルミ材重量 = 0.00271kg/cm³
支持材　St-27.2 φ × 2.3t
　断面積　　　　　　$A = 1.799\text{cm}^2$
　断面2次モーメント　$I = 1.41\text{cm}^4$
　断面係数　　　　　$Z = 1.03\text{cm}^3$
　断面2次半径　　　 $i = 0.88\text{cm}$

ここまでは使用鋼材により定められた数値です。支持材にかかる1カ所当たりのパネル重量を求める

　アルミパネル　$t = 5.0\text{mm}$
　$P = 120\text{cm} \times 120\text{cm} \times 0.5\text{cm} \times 0.0027\text{kg/cm}^3$
　　　$\times 9.80665 = 190.64\text{N}$

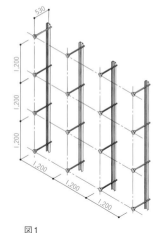

図1

許容せん断応力度は $fs = \dfrac{fb}{\sqrt{3}}$

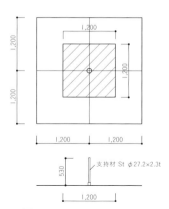

図2

1kg = 9.80665N

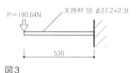

図3

| 1 | 支持パイプは化粧壁の荷重に耐えるか？ |

▶ **STEP 1　力学の計算**

［曲げモーメントを求める］（図3）

　$M = P \times L = 190.64\text{N} \times 53\text{cm} = 10,103.92\text{Ncm}$

［せん断力を求める］

　$Q = 190.64\text{N}$

［たわみ量を求める］

先端のたわみ量を下式で求めます。

$\delta = \dfrac{PL^3}{3EI}$ より、

$\delta = \dfrac{190.64\text{N} \times (53\text{cm})^3}{3 \times 20{,}500{,}000\text{N/cm}^2 \times 1.41\text{N/cm}^4} = 0.33\text{cm}$

▶ **STEP 2　比較**

［曲げモーメント］

許容曲げ応力度 fb（長期）が曲げ応力度 σ を上回れば"もつ"といえます。

$\sigma = \dfrac{M}{Z} = \dfrac{10{,}103.92\text{Ncm}}{1.03\text{cm}^3} = 9{,}809.63\text{N/cm}^2$

$9{,}809.63\text{N/cm}^2 < 15{,}600\text{N/cm}^2$

［せん断力］

許容せん断応力度 fs（長期）がせん断応力度 τ を上回れば"もつ"といえます。

$\tau = \dfrac{Q}{A} = \dfrac{190.64\text{N}}{1.799\text{cm}^2} = 105.97\text{N/cm}^2$

$105.97\text{N/cm}^2 < 9{,}000\text{N/cm}^2$

［たわみ］

$\dfrac{\delta}{L}$ が $\dfrac{1}{100}$ を下回れば"もつ"といえます。

$\dfrac{\delta}{L} = \dfrac{0.33\text{cm}}{53\text{cm}} = \dfrac{1}{160} < \dfrac{1}{100}$

▶ **STEP 3　判定**

［曲げモーメント］

$\dfrac{9{,}809.63\text{N/cm}^2}{15{,}600\text{N/cm}^2} = 0.63 < 1.0$

1.0を下回るので"もつ"と判定します。

[せん断力]

$$\frac{105.97\text{N/cm}^2}{9{,}000\text{N/cm}^2} = 0.01 < 1.0$$

1.0を大きく下回るので"もつ"と判定します。

[たわみ]

$\frac{1}{100}$を下回り、たわみ量も3mm程度なので"もつ"と判定します。

曲げモーメント、せん断力、たわみをクリアするので、この材は"もつ"と判定します。

この部位は構造体ではないので"$\frac{1}{100}$を下回れば"としています。その根拠はp.31を参照してください。

2 │ 支持パイプは風で座屈しないか?

▶ STEP 1　力学の計算

[支持材1カ所当たりに働く風圧力を求める]（図2、図4）

風圧力 = 1,550N/m²

$N = 1.2\text{m} \times 1.2\text{m} \times 1{,}550\text{N/m}^2 = 2{,}232\text{N}$

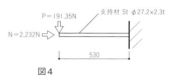

図4

[支持材1カ所当たりに働く圧縮応力度を求める]

断面積　$A = 1.799\text{cm}^2$

$\tau = \dfrac{N}{A} = \dfrac{2{,}232\text{N}}{1.799\text{cm}^2} = 1{,}240.69\text{N/cm}^2$

[細長比]

図5により柱のかたちである固定端＋自由端を選び、$\ell x = 2$とします。

$\lambda = \dfrac{\ell \times \ell x}{i} = \dfrac{53\text{cm} \times 2}{0.88\text{cm}} = 120.45 < 250$

　　i：断面2次半径

　　ℓ：材の長さ

　　ℓx：座屈長

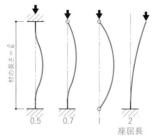

図5

座屈計算にかかわる用語はp.47に詳しく解説しています。

[許容圧縮応力度を求める]

表1から、$\lambda = 120 \rightarrow 64.8\text{N/mm}^2$ となります。

許容圧縮応力度 fc（長期）$= 6,480\text{N/cm}^2$

許容圧縮応力度 fc（短期）$= 6,480\text{N/cm}^2 \times 1.5$
$= 9,720\text{N/cm}^2$

表1
$F=235\text{N/mm}^2$ 鋼材の長期応力に対する許容圧縮応力度の表の一部抜粋

λ	fc (N/mm²)
116	69.1
117	68.0
118	66.9
119	65.9
120	64.8
121	63.7
122	62.7
123	61.7
124	60.7
125	59.7

▶ STEP 2　比較

支持パイプに働く圧縮応力度 σ が許容圧縮応力度 fc（短期）を下回れば"もつ"といえます。

$1,240.69\text{N/cm}^2 < 9,720\text{N/cm}^2$

▶ STEP 3　判定

[曲げモーメント＋圧縮応力]

$$\frac{\delta}{f} = \frac{曲げ応力度}{許容曲げ応力度} + \frac{圧縮応力度}{許容圧縮応力度}$$
$$= \frac{9,809.63\text{N/cm}^2}{15,600\text{N/cm}^2} + \frac{1,240.69\text{N/cm}^2}{9,720\text{N/cm}^2} = 0.63 + 0.13$$
$$= 0.76 < 1.0$$

1.0を下回るので"もつ"と判定します。

これはp.100と同様の考え方で判定しています。

手摺 ❶

手摺を支える細い支柱

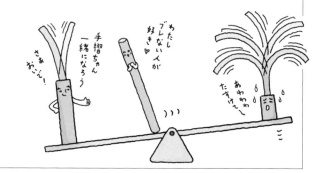

手摺の支柱は
細く見せたいもの。
揺れず、たわまず、つくれるの?

▶ 概要

　ステンレス製手摺の支柱を見付6mm、見込60mmのフラットバー(FB)にしたい。1本ではもたないので2本重ねたらどうか? それで駄目なら、サイズアップしかないか? いや、どうしてもこのサイズでもたせたい。ここでは、この思考の錯綜を解決する計算をお伝えします。

ステンレス製手摺

▶ 計算のポイント

　図1の手摺支柱を計算します。高さ115cmの支柱の先端に人が押す力(集中荷重)が水平に働きます。支柱は2本のFB-6×60です。これをスペーサー(FB-19×44)で数カ所拘束し一体としています(図2)。ここでは足元の固定は心配ないものとし、支柱のみを計算します。ここまでを考慮し、計算項目は以下とします。

FB2本の手摺支柱は人が押す力に耐えるか?

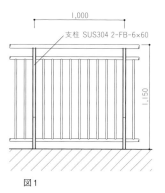

図1

▶ **条件の整理**

水平荷重　1,500N/m
　支柱1カ所当たりに働く集中荷重
　支柱ピッチ＝荷重負担幅＝1m
　　$P = 1{,}500\text{N/m} \times 1\text{m} = 1{,}500\text{N}$

使用鋼材　SUS304の性能
　ヤング係数　　　　　$E = 19{,}300{,}000\text{N/cm}^2$
　許容曲げ応力度　　　$fb = 13{,}730\text{N/cm}^2$（長期）
　　　　　　　　　　　$fb = 20{,}600\text{N/cm}^2$（短期）
　許容せん断応力度　　$fs = 7{,}920\text{N/cm}^2$（長期）
　　　　　　　　　　　$fs = 11{,}900\text{N/cm}^2$（短期）

支柱材　SUS304　FB-6×60
　断面積　　　　　　　$A = 3.6\text{cm}^2$
　断面2次モーメント　$I = 10.8\text{cm}^4$
　断面係数　　　　　　$Z = 3.6\text{cm}^3$
　高さ　　　　　　　　$H = 115\text{cm}$

人が手摺を押す力（水平荷重）は「日本建築学会」および「日本金属工業協同組合」の指針により判断しています。

SUS304の許容曲げ応力度は、JIS G 4304の「機械的性質」より引用。

許容せん断応力度は $fs = \dfrac{fb}{\sqrt{3}}$

断面係数は長方形断面では、$\dfrac{bh^2}{6}$ で算出できます。

・**FB2本の断面2次モーメント**

下記の公式を使います。
$I = Ia + x^2 \times A$
　Ia：FB1本の断面2次モーメント
　x：各々FBの図心と支柱の図心との距離
　A：FB1本の断面積
上記の計算を2本のFBに行い合計します。
図2より、
　$x = 0$
　$I = 10.8\text{cm}^4 \times 2 = 21.6\text{cm}^4$

・**断面係数**

$$Z = I \div (\text{図心から図端の距離}) = \frac{21.6\text{cm}^4}{3\text{cm}} = 7.2\text{cm}^3$$

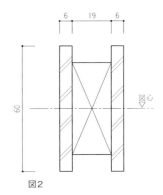

図2

FB2本の手摺支柱は人が押す力に耐えるか？

▶ STEP 1 力学の計算

[最大曲げモーメントを求める]（図3、4）

$$M = 1{,}500\text{N} \times 115\text{cm} = 172{,}500\text{Ncm}$$

[最大せん断力を求める]

$$Q = P = 1{,}500\text{N}$$

[最大たわみを求める]

$\sigma = \dfrac{PL^3}{3EI}$ の式により、

$$\delta = \dfrac{1{,}500\text{N} \times (115\text{cm})^3}{3 \times 19{,}300{,}000\text{N/cm}^2 \times 21.6\text{cm}^4} = 1.82\text{cm}$$

▶ STEP 2 比較

[曲げモーメント]

　許容曲げ応力度 fb（短期）が曲げ応力度 δ を上回れば"もつ"といえます。

$$\sigma = \dfrac{M}{Z} = \dfrac{172{,}500\text{N/cm}}{7.2\text{cm}^3} = 23{,}958.33\text{N/cm}^2$$

$23{,}958.33\text{N/cm}^2 > 20{,}600\text{N/cm}^2$

[せん断力]

　許容せん断応力度 fs（短期）がせん断応力度 τ を上回れば"もつ"といえます。

$$\tau = \dfrac{Q}{A} = \dfrac{1{,}500\text{N}}{7.2\text{cm}^2} = 208.33\text{N/cm}^2$$

$208.33\text{N/cm}^2 < 11{,}900\text{N/cm}^2$

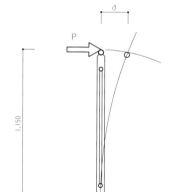

図3

図4

[たわみ]

$\dfrac{\delta}{L}$ が $\dfrac{1}{100}$ を下回れば"もつ"といえます。

$\dfrac{1}{100}$ の根拠はp.31を参照してください。

$\dfrac{\delta}{L} = \dfrac{1.82\text{cm}}{115\text{cm}} = \dfrac{1}{63} > \dfrac{1}{100}$

▶ STEP 3　判定

[曲げモーメント]

$\dfrac{23{,}958.33\text{N/cm}^2}{20{,}600\text{N/cm}^2} = 1.16 > 1.0$

1.0を上回るので"もたない"と判定します。

[せん断力]

$\dfrac{208.33\text{N/cm}^2}{11{,}900\text{N/cm}^2} = 0.02 < 1.0$

1.0を大きく下回るので"もつ"と判定します。

[たわみ]

$\dfrac{1}{100}$ を上回るので"もたない"と判断します。

以上のように、曲げモーメントとたわみが許容を上回るため、もちません。

この結果を受けて、できるだけ外観に影響のない補強で"もつ"方策を考案します。

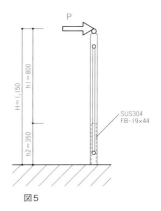

図5

▶ 補強のポイント

強度に最も影響する支柱の足元の断面性能を大きくする方法を考えます。スペーサーのFB-19×44を支柱足元から35cmまで伸ばします（図5、6）。その部分の支柱断面を大きくし、断面2次モーメントと断面係数を大きくすることがねらいです。

ここまでを考慮して、再計算の項目は以下とします。

足元35cmを補強したFB2本の手摺支柱は耐えるか?

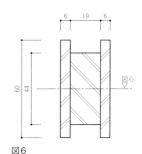

図6

▶ **条件の整理**

脚部補強材　SUS304　FB-19 × 44
　断面積　　　　　　　$A = 8.36\text{m}^2$
　断面2次モーメント　$I = 13.487\text{cm}^4$
　断面係数　　　　　　$Z = 6.13\text{cm}^3$
補強部の断面2次モーメント
　$I2 = 10.8\text{cm}^4 \times 2 + 13.487\text{cm}^4 = 35.09\text{cm}^4$
補強部の断面係数
　$Z2 = I \div (図心から図端の距離) = \dfrac{35.09\text{cm}^4}{3\text{cm}}$
　　　$= 11.7\text{cm}^3$
支柱の高さ
　H（全長）$= 115\text{cm}$
　$h1$（通常断面部）$= 80\text{cm}$
　$h2$（補強断面部）$= 35\text{cm}$

支柱の根元にPと同じ曲げを生じる荷重$P2$を求める（図7）

$$P2 = P \times \dfrac{H}{h2} = 1{,}500\text{N} \times \dfrac{115\text{cm}}{35\text{cm}} = 4{,}928.57\text{N}$$

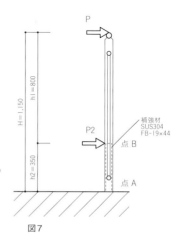

図7

再計算 足元35cmを補強したFB2本の手摺支柱は耐えるか？

▶ **STEP 1　力学の計算**

せん断は通常断面で"もつ"ので、ここでは計算しません。

[曲げモーメントを求める]（図8）

支柱断面が違う$h1$範囲と$h2$範囲での最大モーメントをそれぞれ求めます。
　点B
　　$M1 = P \times h1 = 1{,}500\text{N} \times 80\text{cm} = 120{,}000\text{Ncm}$
　点A
　　$M = P \times H = 1{,}500\text{N} \times 115\text{cm} = 172{,}500\text{Ncm}$

断面が切り替わる支柱のたわみを求めます。
図8の$h1$範囲と$h2$範囲に分けて考えます。$h1$範囲のたわみは、高さ800mmの支柱の頂点にPが働くときの$\delta 2$です。さらに、点Bは、Pによって材は曲げられ傾いています。この傾きの角度による高さ800mmの支柱頂点の動き幅がdです。
$h2$範囲では、点AにPによる支柱を曲げる力が働いています。そこで、それと同じ効果の$P2$が点Bに働くと考え、そのときの点Bのたわみが$\delta 1$です。
$\delta 2 + d + \delta 1$が全体のたわみとなります。

[最大たわみを求める]（図9）

$\dfrac{PL^3}{3EI}$ の式により、

$\delta 1 = \dfrac{1{,}500\text{N} \times (80\text{cm})^3}{3 \times 19{,}300{,}000\text{N/cm}^2 \times 21.6\text{cm}^4} = 0.61\text{cm}$

$\delta 2 = \dfrac{4{,}928.57\text{N} \times (35\text{cm})^3}{3 \times 19{,}300{,}000\text{N/cm}^2 \times 35.9\text{cm}^4} = 0.10\text{cm}$

$d = \dfrac{\delta 2}{h2} \times h1 = \dfrac{0.1\text{cm}}{35\text{cm}} \times 80\text{cm} = 0.23\text{cm}$

$\delta = \delta 1 + d + \delta 2 = 0.61\text{cm} + 0.23\text{cm} + 0.10\text{cm}$
$\quad = 0.94\text{cm}$

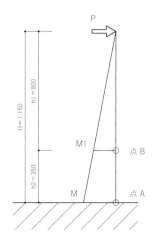

▶ STEP 2　比較

[曲げモーメント]

　許容曲げ応力度 fb（短期）が曲げ応力度 σ を上回れば"もつ"といえます。

$\sigma 1 = \dfrac{M1}{Z} = \dfrac{120{,}000\text{N/cm}}{3.6\text{cm}^3 \times 2} = 16{,}666.67\text{N/cm}^2$

$16{,}666.67\text{N/cm}^2 < 20{,}600\text{N/cm}^2$

$\sigma 2 = \dfrac{M}{Z2} = \dfrac{172{,}500\text{N/cm}}{11.70\text{cm}^3} = 14{,}743.59\text{N/cm}^2$

$14{,}743.59\text{N/cm}^2 < 20{,}600\text{N/cm}^2$

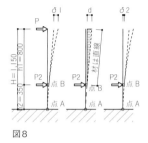

図8

[たわみ]

　$\dfrac{\delta}{L}$ が $\dfrac{1}{100}$ を下回れば"もつ"といえます。

$\dfrac{\delta}{L} = \dfrac{0.94\text{cm}}{115\text{cm}} = \dfrac{1}{122} < \dfrac{1}{100}$

▶ STEP 3　判定

[曲げモーメント]

　点B

$\dfrac{16{,}666.67\text{N/cm}^2}{20{,}600\text{N/cm}^2} = 0.81 < 1.0$

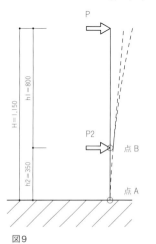

図9

点A

$$\frac{14{,}743.59\mathrm{N/cm^2}}{20{,}600\mathrm{N/cm^2}} = 0.72 < 1.0$$

点A、Bともに1.0を下回るので"もつ"と判定します。

[たわみ]

$\frac{1}{100}$ を下回り、たわみ量も1mm程度なので"もつ"と判定します。

FBに限らずパイプでも同じ方法で計算できます。

手摺 ❷

手摺のユ型アンカー

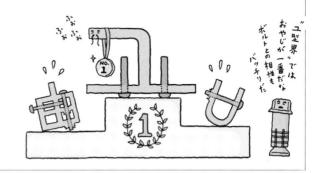

既製品のアンカーです。
強度を知って、使いましょう。

▶ 概要

　ユ型アンカーは角形鋼板の表面にスタイロホームを接着し、その裏面に直角に曲げた丸鋼を溶接したもので、配筋時にセットしコンクリートに打ち込みます。型枠を外した後に、スタイロホームを取り除いて現した鋼板面に手摺支柱を溶接固定します（図1）。このアンカーを横から見るとカタカナのユの字に見えることからユ型アンカーと呼ばれます。このアンカーは、手摺の取付けに多く使われます。多用される部材の強度をあらかじめ知っておくのは、有効な知識だといえるでしょう。

　現場はベランダのように建物から張り出した外部通路です（図2）。この床スラブの先端小口に角形鋼板75×75のユ型アンカーを埋め込んで、手摺を取り付けます。建物は公共施設で、不特定多数の人々が往来します。このアンカーが"もつ"かを計算します。

ユ型アンカーの手摺

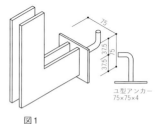

図1

2．建築2次部材の構造計算　113

▶ **計算のポイント**

　ユ型アンカーは既製品で、その強度はメーカーが引抜強度として試験値をもっています。試験値のない製品は計算の対象としないことが賢明です。ここでは、手摺本体強度と手摺とアンカーとの溶接強度は心配ないものとし、アンカーに働く力に対しアンカーが"もつ"かを計算します。この手摺に働くのは、人が押す力です。ここまでを考慮し、計算項目は以下とします。

手摺のユ型アンカーは人が押す力に耐えるか？

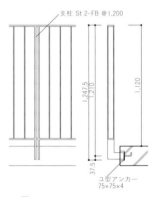

図2

▶ **条件の整理**

　水平荷重　1,960N/m
　　支柱1カ所当たりに働く集中荷重
　　支柱ピッチ＝荷重負担幅＝1.2m
　　　$P = 1,960\text{N/m} \times 1.2\text{m} = 2,352\text{N}$
　ユ型アンカー　75×75×4の性能
　　最大引抜荷重　　$T = 34,470\text{N}$
　　引抜試験成績報告書によります。
　手摺支柱高さ　　　$L1 = 124.75\text{cm}$
　　　　　　　　　　$L2 = 3.75\text{cm}$

人が手摺を押す力（水平荷重）は手摺の安全に関する自主基準策定報告書（日本金属工事協同組合）により、商業施設および公共施設に適用される「グレード5」を採用します。

試験成績の報告書または証明書はメーカーに問い合わせ、入手することが可能です。既製品使用の際の、計算の客観性を担保するには、このような試験結果を入手する行為が最善です。

手摺のユ型アンカーは人が押す力に耐えるか？

▶ **STEP 1　力学の計算**

[アンカーに働く引抜力を求める]（図3）

　手摺頂点に働く集中荷重 P がユ型アンカーの最大引抜荷重 T とつり合えば、手摺はその場を動くことがありません。P は図4のようにユ型アンカーの下端点を支点に手摺を回転する作用となります。その大きさをユ型アンカー芯で考えれば図5の Ta となります。

　この関係からつり合い式　$P \times L1 = Ta \times L2$　を得ます。

　上式より Ta を得ます。

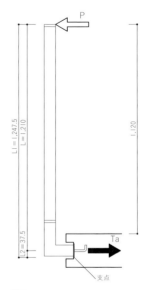

図3

$$Ta = P \times \frac{L1}{L2} = 2{,}352\text{N} \times \frac{124.75\text{cm}}{3.75\text{cm}} = 78{,}243.2\text{N}$$

▶ **STEP 2 比較**

最大引抜荷重 T がアンカーを固定する力 Ta を上回れば"もつ"といえます。

$$Ta = 78{,}243.2\text{N} > T = 34{,}470\text{N}$$

▶ **STEP 3 判定**

$$\frac{78{,}243.2\text{N}}{34{,}470\text{N}} = 2.27 > 1.0$$

1.0を大きく上回ることから"もたない"と判定します。

この結果を得て、これを改善する方策を考えます。もたない理由はアンカー面の寸法にあります。アンカーの最大引抜荷重 T が P によりアンカーに働く力 Ta を上回るには、Ta を小さくすることが必要です。

ここで $Ta = P \times \dfrac{L1}{L2}$ のつり合い式を見れば、

Ta を小さくするには $L1$ を小さくするか $L2$ を大きくするのがポイントです。$L1$ を小さくするとは、手摺を低くすることになり、これはできません。

このことから Ta を小さくするには $L2$ を大きくすることとなります。

判定結果 $\dfrac{78{,}243.2\text{N}}{34{,}470\text{N}} = 2.27$ を見れば、

これをもたせるには $L2$ を2.3倍以上にする必要があります。これは単純計算で175mm×175mm以上の大きさの角形鋼板が必要です。

ところが、この大きさのユ型アンカーは存在しませんから、この結果を改善するにはユ型アンカーでは不

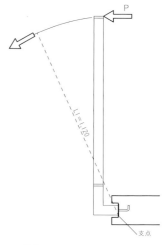

図4

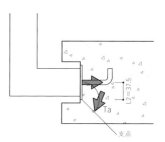

図5

可能だとわかります。

ここまでを考慮し、ベース高さを160mmと大きくし、ベースプレートをあと施工アンカーボルト4本で留める方策を採用し再計算します（図6）。再計算の項目は以下とします。

手摺ベースは人が押す力に耐えるか？

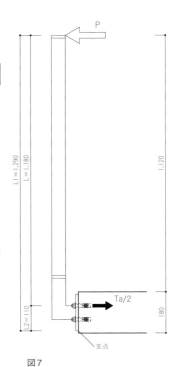

図6

▶ **条件の整理**

ボルトアンカー　M12の性能
　　最大引張荷重　　$t = 27,600\text{N}$
　　引抜試験成績報告書によります。
使用鋼材　SS400の性能
　　ヤング係数　　　$E = 20,500,000\text{N/cm}^2$
　　許容曲げ応力度　$fb = 15,600\text{N/cm}^2$（長期）
　　　　　　　　　　$fb = 23,500\text{N/cm}^2$（短期）
手摺支柱高さ　　　$L1 = 129\text{cm}$
　　　　　　　　　$L2 = 11\text{cm}$

再計算　手摺ベースは人が押す力に耐えるか？

▶ **STEP 1　力学の計算**

[アンカーに働く引抜力を求める]

図7よりTaを計算します。

$$Ta = P \times \frac{L1}{L2} = 2{,}352\text{N} \times \frac{129\text{cm}}{11\text{cm}} = 27{,}582.55\text{N}$$

▶ **STEP 2　比較**

最大引抜荷重Tがアンカーに働く力Taを上回れば"もつ"といえます。

ボルト2本なので、

$$T = t \times 2\text{カ所} = 27{,}600\text{N} \times 2 = 55{,}200\text{N}$$
$$Ta = 27{,}582.55\text{N} < T = 55{,}200\text{N}$$

図7

▶ **STEP 3　判定**

$$\frac{27,582.55\text{N}}{55,200\text{N}} = 0.5 < 1.0$$

1.0を下回るので"もつ"と判定します。

さらに、ボルトアンカーがコンクリートから抜け落ちないか、およびベースプレートは曲がらないかの検証も行いますが、以降の計算法はp.18以降を参照してください。

吊り材

天井を貫通する吊りパイプ

パイプで吊られた
テレビモニターです。
地震の揺れにはどう"もつ"の?

▶ 概要

　天井裏に取り付けたスチールパイプがアルミパネル仕上げの天井を貫通し、先端に1,000Nのモニターを取り付けます。これが地震で揺れたとき、アルミパネルを壊すのではないか? この心配を防ぐ方法を考えます。

　図1のようにスチールパイプの固定元から天井仕上げまで1.2mで、テレビモニターまでは1.5mです。これが揺れると図2のように動き、仕上げを壊します。吊りパイプの貫通穴について、揺れても天井と接触しない穴の大きさを求めます。

天井裏に取り付けられたスチールパイプ

▶ 計算のポイント

　これは、吊り元が固定の片持ち梁です。地震時の揺れ幅は、たわみ計算で求めます。あわせて安全のため、"もつ"かの確認も必要です。ここまでを考慮し、計算項目を以下とします。

吊りパイプは地震の揺れに耐えられるか？

▶ **条件の整理**

使用鋼材　SS400の性能

　ヤング係数　　　　　　$E = 20,500,000\text{N/cm}^2$

　許容曲げ応力度　　　　$fb = 23,500\text{N/cm}^2$（短期）

　許容せん断応力度　　　$fs = 13,600\text{N/cm}^2$（短期）

吊りパイプ　$\phi 48.6 \times 2.3$

　断面積　　　　　　　　$A = 3.345\text{cm}^2$

　断面2次モーメント　　 $I = 8.986\text{cm}^4$

　断面係数　　　　　　　$Z = 3.698\text{cm}^3$

水平力（テレビ荷重）

　地震層せん断力係数　　$= 0.2$

　　　　　　　　　　　　$P = 1,000\text{N} \times 0.2 = 200\text{N}$

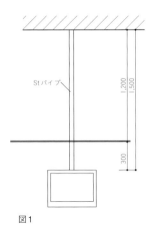

図1

地震層せん断力係数は建築基準法施行令第88条によります。

吊りパイプは地震の揺れに耐えられるか？

▶ **STEP 1　力学の計算**

[最大曲げモーメントを求める]

$$M = P \times L = 200\text{N} \times 150\text{cm} = 30,000\text{Ncm}$$

[最大せん断力を求める]

$$Q = P = 200\text{N}$$

[最大たわみを求める]

$\delta = \dfrac{PL^3}{3EI}$ の式により、

$$\delta = \frac{200\text{N} \times (150\text{cm})^3}{3 \times 20,500,000\text{N/cm}^2 \times 8.986\text{cm}^4} = 1.22\text{cm}$$

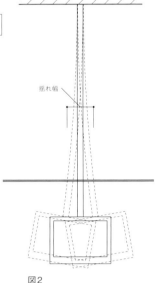

図2

▶ STEP 2　比較

[曲げモーメント]

　許容曲げ応力度 fb（短期）が曲げ応力度 σ を上回れば"もつ"といえます。

$$\sigma = \frac{M}{Z} = \frac{30{,}000\text{Ncm}}{3.698\text{cm}^3} = 8{,}112.49\text{N/cm}^2$$

$8{,}112.49\text{N/cm}^2 < 23{,}500\text{N/cm}^2$

[せん断力]

　許容せん断応力度 fs（短期）がせん断応力度 τ を上回れば"もつ"といえます。

$$\tau = \frac{Q}{A} = \frac{200\text{N}}{3.345\text{cm}^2} = 59.79\text{N/cm}^2$$

$59.79\text{N/cm}^2 < 13{,}600\text{N/cm}^2$

[たわみ]

$\frac{\delta}{L}$ が $\frac{1}{100}$ を下回れば"もつ"といえます。

$\frac{1}{100}$ の根拠はp.31を参照してください。

$$\frac{\delta}{L} = \frac{1.22\text{cm}}{150\text{cm}} = \frac{1}{122} < \frac{1}{100}$$

▶ STEP 3　判定

[曲げモーメント]

$$\frac{8{,}112.49\text{N/cm}^2}{23{,}500\text{N/cm}^2} = 0.35 < 1.0$$

1.0を大きく下回るので"もつ"と判定します。

[せん断力]

$$\frac{59.79\text{N/cm}^2}{13{,}600\text{N/cm}^2} = 0.004 < 1.0$$

1.0を大きく下回るので"もつ"と判定します。

[たわみ]

たわみ量が1cm程度で、$\frac{1}{100}$ を下回るので "もつ" と判定します。

以上のように、曲げモーメント、せん断力、たわみともに "もつ" ので、この材料は "もつ" と判定します。

さらに、天井穴径はスチールパイプの直径4.86cm＋1.22cm×2＝7.30cmを上回る大きさを推奨します。

治具

クレーンで吊り上げる治具

パネルを吊り上げるための治具です。
パネルの重さに
この治具はどう"もつ"の?

▶ 概要

壁パネルを図1のようにクレーンで吊り上げる治具（図2）を設計します。

この治具は、壁パネルを4.3mの吊りアングルにボルトで留め、2.5m幅のブラケットチャンネルに溶接したプレートの穴にワイヤーで留める構造です。これは荷揚げ専用なので、風が壁に及ぼすような影響は考慮しません。

パネルを吊り上げるための治具

▶ 計算のポイント

荷重は以下のように伝わります。図3の吊りアングルには、最も不利な状況を想定して、壁パネルと治具自重の集中荷重がブラケット幅の中央に働くとします。図4のブラケットチャンネルは、図10のように曲げられます。図5の吊りプレートは引っ張られ、ワイヤー穴と溶接部に破断の可能性があります。ここまでを考慮し、計算項目は以下とします。

図1

1 吊りアングルは重さで壊れないか？
2 ブラケットチャンネルは曲がらないか？
3 吊りプレートは引っ張る力で破断しないか？

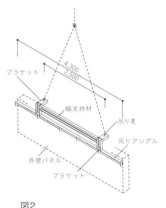

図2

▶ **条件の整理**

使用鋼材　SS400の性能

　　ヤング係数　　　　$E = 20{,}500{,}000\text{N/cm}^2$

　　許容曲げ応力度　　$fb = 15{,}600\text{N/cm}^2$（長期）

　　　　　　　　　　　$fb = 23{,}500\text{N/cm}^2$（短期）

　　許容せん断応力度　$fs = 9{,}000\text{N/cm}^2$（長期）

　　　　　　　　　　　$fs = 13{,}600\text{N/cm}^2$（短期）

　　溶接継目の許容応力度（短期）　$fw = 13{,}600\text{N/cm}^2$

吊りアングル　L−150×90×9

　　断面積　　　　　　$A = 20.94\text{cm}^2$

　　断面2次モーメント　$Ix = 485\text{cm}^4 \cdot Iy = 133\text{cm}^4$

　　断面係数　　　　　$Zx = 48.2\text{cm}^3 \cdot Zy = 19\text{cm}^3$

　　重量　　　　　　　$G = 160.8\text{N/m}$（16.4kg/m）

ブラケットチャンネル　[−150×75×6.5×10

　　断面積　　　　　　$A = 23.71\text{cm}^2$

　　断面2次モーメント　$Iy = 117\text{cm}^4 \cdot Ix = 861\text{cm}^4$

　　断面係数　　　　　$Zy = 22.4\text{cm}^3 \cdot Zx = 115\text{cm}^3$

　　重量　　　　　　　$G = 182.4\text{N/m}$（18.6kg/m）

許容せん断応力度は $fs = \dfrac{fb}{\sqrt{3}}$ で求めます。

溶接継目の許容応力度は、建築基準法施行令第98条によります。

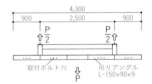

図3

・**荷重の計算**

外壁ユニットの荷重　　6,500N

治具の自重

　①吊りアングル　L−150×90×9
　　160.8N/m × 4.3m = 691.44N

　②ブラケットチャンネル　[−150×75×6.5×10
　　182.4N/m ×（0.35m + 0.27m）× 2カ所 = 226.18N

　③幅支持材　[−150×75×6.5×10
　　182.4N/m × 2.35m = 428.64N

　④その他副資材　　150N

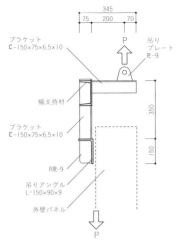

図4

・吊りアングルに働く荷重

上記のうち①＋④を採用します。

691.44N + 150N = 841.44N

(6,500N + 841.44N) × 1.5 = 11,012.16N（短期）

$P = 11,020$N とします。

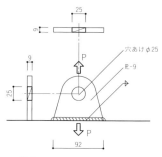

図5

1 ｜ 吊りアングルは重さで壊れないか？

▶ STEP 1 力学の計算

吊りアングルは、ブラケットチャンネルで拘束されているので、両端固定の梁として計算します。

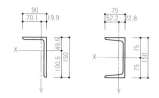

図6
X軸・Y軸に対しての断面2次モーメント・断面係数は、それぞれ異なる値となります。

[最大曲げモーメントを求める]（図7）

$$M = \frac{PL}{8} = \frac{11,020\text{N} \times 250\text{cm}}{8} = 344,375\text{Ncm}$$

[最大せん断力を求める]（図8）

$$Q = \frac{P}{2} = \frac{11,020\text{N}}{2} = 5,510\text{N}$$

[最大たわみを求める]（図9）

$$\delta = \frac{PL^3}{192EI} = \frac{11,020\text{N} \times (250\text{cm})^3}{192 \times 20,500,000\text{N/cm}^2 \times 485\text{cm}^4}$$
$$= 0.09\text{cm}$$

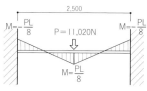

図7

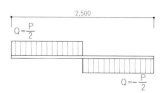

図8

▶ STEP 2 比較

[曲げモーメント]

許容曲げ応力度 fb（短期）が曲げ応力度 σ を上回れば "もつ" といえます。

$$\sigma = \frac{M}{Z} = \frac{344,375\text{Ncm}}{48.2\text{cm}^3} = 7,144.71\text{N/cm}^2$$

$7,144.71\text{N/cm}^2 < 23,500\text{N/cm}^2$

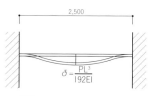

図9

[せん断力]

　許容せん断応力度 fs（短期）がせん断応力度 τ を上回れば"もつ"といえます。

$$\tau = \frac{Q}{A} = \frac{5{,}510\text{N}}{20.94\text{cm}^2} = 263.13\text{N/cm}^2$$

$263.13\text{N/cm}^2 < 13{,}600\text{N/cm}^2$

[たわみ]

$\dfrac{\delta}{L}$ が $\dfrac{1}{300}$ を下回れば"もつ"とします。

$$\frac{\delta}{L} = \frac{0.09\text{cm}}{250\text{cm}} = \frac{1}{2{,}777} < \frac{1}{300}$$

▶ STEP 3　判定

[曲げモーメント]

$$\frac{7{,}144.71\text{N/cm}^2}{23{,}500\text{N/cm}^2} = 0.30 < 1.0$$

1.0を大きく下回るので"もつ"と判定します。

[せん断力]

$$\frac{263.13\text{N/cm}^2}{13{,}600\text{N/cm}^2} = 0.02 < 1.0$$

1.0を大きく下回るので"もつ"と判定します。

[たわみ]

　たわみ量が1mmより小さく、$\dfrac{1}{300}$ を大きく下回るので"もつ"と判定します。

　以上のように、曲げモーメント、せん断力、たわみともに"もつ"ので、この材料は"もつ"と判定します。

$\dfrac{1}{300}$ の根拠はp.31によります。
今回は、建物ではありませんが、この値に準じることとしました。

2 ブラケットチャンネルは曲がらないか？

ブラケットチャンネルは、図10のような直角材です。両端に働く力Pによって曲げられますが、曲がる部分は縦材も横材も長さ$L = 20$cmです。そこで、この部材は$L = 20$cmの片持ち梁と考えます。また、この部材の要は、縦材と横材の接合部が動かないことです。この部分は、工場溶接で組み付けられており、この溶接も"もつ"かどうか確かめます（図11）。

▶ STEP 1　力学の計算

ブラケットチャンネル1カ所が負担する荷重

治具の自重は、前出のうち①＋②＋③＋④を採用するので、

691.44N ＋ 226.18N ＋ 428.64N ＋ 150N ＝ 1,496.26N

ブラケット一つに働く荷重は、

(6,500N ＋ 1,496.26N) ÷ 2 × 1.5 ＝ 5,997.20N（短期）

$P = 6,000$N となります。

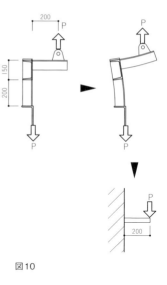

図10

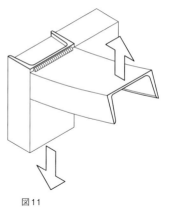

図11

[最大曲げモーメントを求める]（図10）

$M = P \times L = 6{,}000\text{N} \times 20\text{cm} = 120{,}000\text{Ncm}$

[せん断力を求める]

$Q = P = 6{,}000\text{N}$

[最大たわみを求める]

$$\delta = \frac{PL^3}{3EI} = \frac{6{,}000\text{N} \times (20\text{cm})^3}{3 \times 20{,}500{,}000\text{N/cm}^2 \times 117\text{cm}^4}$$
$= 0.007\text{cm}$

[接合部の溶接の応力度を求める]

・接合部に働く力

図12に示すつり合いにより、

$$Pw = 6{,}000\text{N} \times \frac{20\text{cm}}{3.75\text{cm}} = 32{,}000\text{N}$$

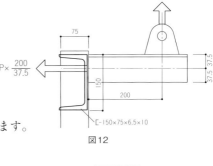

図12

・隅肉溶接の応力度（図13）

Pwに有効なフランジ部の溶接を採用します。

脚長 $S = 0.6$ cm

のど厚 $a = 0.6\text{cm} \times 0.7 = 0.42\text{cm}$

溶接長 $Lw = (5.5\text{cm} - 0.6\text{cm} \times 2) \times 2\text{カ所} = 8.6\text{cm}$

$$\tau w = \frac{Pw}{Lw \times a} = \frac{32{,}000\text{N}}{8.6\text{cm} \times 0.42\text{cm}} = 8{,}859.36\text{N/cm}^2$$

▶ STEP 2　比較

[曲げモーメント]

許容曲げ応力度 fb（短期）が曲げ応力度 σ を上回れば"もつ"といえます。

$$\sigma = \frac{M}{Z} = \frac{120{,}000\text{Ncm}}{22.4\text{cm}^3} = 5{,}357.14\text{N/cm}^2$$

$5{,}357.14\text{N/cm}^2 < 23{,}500\text{N/cm}^2$

[せん断力]

許容せん断応力度 fs（短期）がせん断応力度 τ を上回れば"もつ"といえます。

$$\tau = \frac{Q}{A} = \frac{6{,}000\text{N}}{23.71\text{cm}^2} = 253.06\text{N/cm}^2$$

$253.06\text{N/cm}^2 < 13{,}600\text{N/cm}^2$

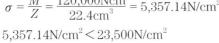

図13
Lw（溶接長）は実際の溶接の長さから$S \times 2$を減じます。
なお、Lwが$a \times 150$を超える場合には溶接の許容応力度を低減するとされており、注意が必要です。
（『鋼構造設計規準―許容応力度設計法』）

[たわみ]

$\dfrac{\delta}{L}$ が $\dfrac{1}{100}$ を下回れば"もつ"とします。

$$\frac{\delta}{L} = \frac{0.007\text{cm}}{20\text{cm}} = \frac{1}{2{,}857} < \frac{1}{100}$$

［接合部の溶接］

　溶接の許容応力度 fw（短期）が溶接の応力度 τw を上回れば"もつ"といえます。

　$8,859.36\text{N/cm}^2 < 13,600\text{N/cm}^2$

▶ STEP 3　判定

［曲げモーメント］

$$\frac{5,357.14\text{N/cm}^2}{23,500\text{N/cm}^2} = 0.23 < 1.0$$

1.0を大きく下回るので"もつ"と判定します。

［せん断力］

$$\frac{253.06\text{N/cm}^2}{13,600\text{N/cm}^2} = 0.02 < 1.0$$

1.0を大きく下回るので"もつ"と判定します。

［たわみ］

　$\frac{1}{100}$ を下回り、たわみ量も 1mm を下回るので"もつ"と判定します。

$\frac{1}{100}$ の根拠はp.31によります。今回は、建物ではありませんが、この値に準じることとしました。

［接合部の溶接］

$$\frac{8,859.36\text{N/cm}^2}{13,600\text{N/cm}^2} = 0.65 < 1.0$$

1.0を下回るので"もつ"と判定します。

　以上のように、曲げモーメント、せん断力、たわみ、接合部の溶接ともに、この材料は"もつ"と判定します。

3 │ 吊りプレートは引っ張る力で破断しないか?

吊りプレートは図14の矢印のように引っ張られ、穴上部の斜線部と接合部の溶接にせん断力が働きます。

▶ STEP 1　力学の計算

吊りプレート1カ所が負担する荷重
$P = 6,000\text{N}$ とします。

[せん断力を求める]

$Q = P = 6,000\text{N}$

[接合部の溶接の応力度を求める]
・**両面隅肉溶接**（図14）

　脚長　　$S = 0.6\text{cm}$
　のど厚　$a = 0.6\text{cm} \times 0.7 = 0.42\text{cm}$
　溶接長　$Lw = (9.2\text{cm} - 0.6\text{cm} \times 2) \times 2\text{カ所} = 16\text{cm}$

・接合部の応力度

$$\tau w = \frac{P}{Lw \times a} = \frac{6,000\text{N}}{16\text{cm} \times 0.42\text{cm}} = 892.86\text{N/cm}^2$$

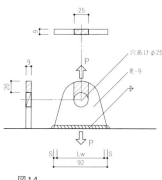

図14

▶ STEP 2　比較

[せん断力]
・穴上部の端あき断面積

$A = 2.0\text{cm} \times 0.9\text{cm} = 1.8\text{cm}^2$

許容せん断応力度 fs（短期）がせん断応力度 τ を上回れば"もつ"といえます。

$$\tau = \frac{Q}{A} = \frac{6,000\text{N}}{1.8\text{cm}^2} = 3,333.33\text{N/cm}^2$$

$3,333.33\text{N/cm}^2 < 13,600\text{N/cm}^2$

［接合部の溶接］

　溶接の許容応力度 fw（短期）が溶接の応力度 τw を上回れば"もつ"といえます。

　$892.86\text{N/cm}^2 < 13{,}600\text{N/cm}^2$

▶ STEP 3　判定

［せん断力］

$$\frac{3{,}333.33\text{N/cm}^2}{13{,}600\text{N/cm}^2} = 0.25 < 1.0$$

1.0を大きく下回るので"もつ"と判定します。

［接合部の溶接］

$$\frac{892.86\text{N/cm}^2}{13{,}600\text{N/cm}^2} = 0.07 < 1.0$$

1.0を大きく下回るので"もつ"と判定します。

　以上のように、せん断力、接合部の溶接ともに十分なので、この材料は"もつ"と判定します。

おわりに

計算をするとき、自分に質問をします。質問を発すれば、答えはすぐ近くにあると経験しています。それは、例えばこんな様子です。

重量物の当たり止め金物があります（図1）。アンカーは壊れないとして、「この金物の補強法を提示せよ」と問います。これに答えるために、問いを以下のように細かくします。

問－なにが金物を壊すのか？

答えは、下の四つの中にあります。
1. せん断
2. 曲げ
3. 座屈
4. 引張り

力の方向からすれば、3と4は除外できそうです。そこで1と2（図2）に絞って考えを進めると、次の問いが浮かびます。

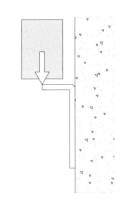

図1

問－なにが、せん断と曲げに効くのか？

せん断は下式ならば安全だといえます。

　　　せん断力÷断面積＜許容せん断応力度

曲げは下式ならば安全だといえます。

　　　モーメント÷断面係数＜許容曲げ応力度

二つの式は、分母である断面積と断面係数が大きければ、その値が小さくなり、安全になるとわかります。そこで、次の問いが浮かびます。

問－なにが分母を大きくするのか？

断面積は、図3や図4のようにプレートを足せば大きくなります。図中のアミガケの部分が増えた面積です。一方、矩形断面の断面係数は、外力の動く方向を

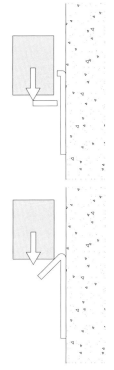

図2

131

縦として

$$(横 × 縦^2) ÷ 6$$

の式で求めます。これは、値を効果的に大きくするのは縦寸法であることを示しています。このことから、断面積と断面係数を効率よく大きくするのは図5だと考えがまとまります。これを計算で確かめます。以後の計算は、本書を見直して確かめてください。

　私の知る限り最も重要なことは、なぜ？なにが？と自分に質問することです。一つの問いは必ず次の問いを呼び起こします。質問がスタートすれば、答えは、そのすぐ近くにあります。本書は、あなたがスタートする助けとなることを願ってここにあります。何度も開いて使ってください。役に立つ情報が詰め込まれています。

　最後に、本書が存在するのは、多くの方々との幸運な出会いの積重ねと、みなさまに尽力をいただいたお蔭です。関係していただいたすべての方々にお礼申し上げます。ありがとうございます。今後も多くの相談に応えてまいりたいと思います。

2017年1月

山本　満・四井　茂一

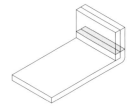

図3

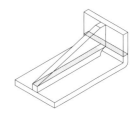

図4

図5

参考図書および文献

- 『Excelで解く構造力学』藤井大地著、丸善出版、2003年
- 『応用力学〈静力学編〉』S.P.ティモシェンコ著、渡辺茂・三浦宏文訳、好学社、1999年
- 『改訂 材料力学要論』S.P.ティモシェンコ、D.H.ヤング著、前澤誠一郎訳、コロナ社、1972年
- 『各種合成構造設計指針・同解説』日本建築学会編、日本建築学会、2010年
- 『規基準の数値は「何でなの」を探る第2巻』寺本隆幸・大越俊男・和田章監修、建築技術、2015年
- 『建築応用力学　改訂版』小野薫・加藤渉共著、共立出版、1960年
- 『建築応用力学演習　理工文庫』定方哲著、理工図書、1959年
- 『建築構造力学演習　理工文庫』蜂巣進著、理工図書、1956年
- 『建築物荷重指針・同解説』日本建築学会編、日本建築学会、2015年
- 『鋼構造設計規準−許容応力度設計法』日本建築学会編、日本建築学会、2005年
- 『構造学再入門 Ⅰ　改訂三版』海野哲夫著、彰国社、1997年
- 『構造学再入門 Ⅱ　改訂』海野哲夫著、彰国社、1982年
- 『構造学再入門 Ⅲ　改訂』海野哲夫著、彰国社、1984年
- 『構造力学公式例題集』IT環境技術研究会著、田中修三監修、インデックス出版、2011年
- 『構造力学スーパー解法術　第2版』原口秀昭著、彰国社、2001年
- 『構造力学早わかり』海野哲夫著、彰国社、1972年
- 『構法計画パンフレット7 手摺』日本建築学会編、彰国社、1985年
- 『これならわかる［図解でやさしい］入門材料力学』有光隆著、技術評論社、2002年
- 『材料力学史』S.P.ティモシェンコ、D.H.ヤング著、最上武雄監訳、川口昌宏訳、鹿島研究所出版会、1974年
- 『JIS A6601 低層住宅用金属製バルコニー構成材及び手すり構成材』日本工業標準調査会
- 『実務者のための建築物外装材耐風設計マニュアル』日本建築学会編、日本建築学会、2013年
- 『小規模建築物基礎設計例集』日本建築学会編、日本建築学会、2011年
- 『住まいの安全学』宇野英隆・直井英雄著、講談社、1976年
- 『デザインデータブック』日本橋梁建設協会編、日本橋梁建設協会、2016年
- 『手摺の安全性に関する自主基準及び研究報告』日本金属工事業協同組合技術検討委員会著、日本金属工事業協同組合、2011年
- 『ねじ総合カタログ2012』株式会社タカヤマ
- 『非構造部材の耐震設計施工指針・同解説および耐震設計施工要領』日本建築学会編、日本建築学会、2003年
- 『微分・積分のしくみ　入門ビジュアルサイエンス』岡部恒治著、日本実業出版社、1998年
- 『やさしい建築構造力学の手びき　全面改訂版』日本建築技術者指導センター編、霞ヶ関出版社、2001年
- 『よくわかる構造力学ノート』四俵正敏著、技報堂出版、1985年

＊写真はすべてアクト提供

著者紹介

山本満（やまもと　みつる）
有限会社アクト代表取締役社長。
国立岐阜工業高等専門学校建築学科卒業。複数の建築設計事務所に合計約8年勤務の後、一級建築士事務所有限会社アクトを設立。

四井茂一（しい　しげいち）
有限会社アクト取締役副社長。一級建築士。管理建築士。
大同工業大学建設工学科卒業。複数の建築設計事務所に合計約7年勤務の後、一級建築士事務所有限会社アクトを共同設立。2次部材等の構造アドバイスを行う。

有限会社アクト　　https://www.actworks.biz/

本書は、雑誌『ディテール』196号から207号の連載をもとに見直し、加筆して単行本として刊行したものです。

意匠設計者でもスラスラわかる　建築2次部材の構造計算
2017年4月10日　第1版　発　行
2024年6月10日　第1版　第6刷

著　者　山　本　　満・四　井　茂　一
発行者　下　出　雅　徳
発行所　株式会社　彰　国　社

162-0067　東京都新宿区富久町8-21
電話　03-3359-3231（大代表）
振替口座　00160-2-173401

著作権者との協定により検印省略

自然科学書協会会員
工学書協会会員

Printed in Japan
©山本満・四井茂一　2017年
ISBN 978-4-395-32091-2 C3052

印刷：壮光舎印刷　製本：中尾製本

https://www.shokokusha.co.jp

本書の内容の一部あるいは全部を、無断で複写（コピー）、複製、および磁気または光記録媒体等への入力を禁止します。許諾については小社あてご照会ください。